Lavorare è un Reato?

Una donna che come tante, sola e disoccupata, si ritrova a lottare anche contro la sua depressione, si racconta attraverso delle lettere, concentrandosi non tanto su stessa, quanto su un'Italia che sta affrontando una delle crisi economiche più gravi, su cui scriverà anche le sue "ingenue" soluzioni che lasceranno riflettere noi e far agire lo stato.

Introduzione

No, non è un manuale di sopravvivenza, ma una raccolta di riflessioni che inviteranno tutti noi a fermarsi sul serio per ragionare sulla situazione che il nostro paese sta vivendo.

Anno 2012, l'Italia ha raggiunto un livello altissimo di crisi economica, la disoccupazione è in aumento, la disperazione dei cittadini svantaggiati anche e purtroppo una serie di suicidi lo sottolineano tristemente.

Piccoli imprenditori che si danno fuoco o si impiccano, attanagliati dai debiti creatisi anche per le tasse troppo alte e il mancato aiuto delle banche li getta in una strada senza via d'uscita.

Una donna anziana che vive da sola e deve far fronte quotidianamente alle spese inevitabili di sopravvivenza, si vede abbassare ancora di più dall'INPS la sua pensione già relativamente bassa e si getta dalla finestra, i familiari che si arrovellano nel dolore più atroce e la rabbia nei confronti di ciò che non è giusto di questa società li fa sentire impotenti.

Leggi che non funzionano come dovrebbero, scarcerano o assolvono criminali colpevoli, istituzioni che pensano prima a se stessi e dopo anche, la salute che vacilla e parlano di quanto sia importante la prevenzione ma che quando proviamo a prenotare un' esame da un' ipotetico mese di febbraio ci si vede dare una prenotazione addirittura sei mesi dopo se non peggio!

Alcuni cittadini che riescono scappano all'estero, sperando di ricrearsi una nuova vita con altre opportunità, altri che non ce la fanno restano, ma in balia dell'incertezza assoluta.

E perché mai in tanti, ci si deve vedere costretti a lasciare il proprio paese per poter lavorare e avere una vita dignitosa?

Questo però succede ormai da molti anni in Italia, solo che il fenomeno è oggi indiscutibilmente in aumento e sta mietendo molte vittime.

Altri ancora, probabilmente più fragili ormai, sia psicologicamente che fisicamente, vengono sopraffatti da un male oscuro, che si può ormai classificare come il male più diffuso del secolo : **la depressione.**

E come non si fa a non deprimersi di fronte a come stanno andando le cose? E non c'è niente di più devastante per una persona depressa sentirsi ed essere effettivamente sola in una realtà come questa, dove invece bisognerebbe essere molto forti per farcela a resistere.

Ecco perchè, per fermarci a riflettere e considerare anche la possibilità di reagire voglio raccontarvi la storia di una donna , Stella, che come tante, in questo critico caos, è stata presa da questa depressione e si sta dirigendo nello sconforto totale, verso addirittura la perdita della voglia di vivere.

 Molti disoccupati oggi stanno rinunciando anche a cercarlo un lavoro! Perchè non c'è!

A meno che, forse, non si accetti la condizione del lavoro in nero o di essere sottopagati, ma chi si accontenta di questo, ormai anche qui deve fare a spintoni, infatti molti imprenditori da tempo ormai, preferiscono scegliere le proprie vittime fra gli stranieri, che risultano essere un pochino più accondiscendenti, ma oggi hanno imparato anche loro a voler vedere rispettati i propri diritti, come le leggi italiane consentirebbero d'altronde, ma il problema è che spesso queste leggi non vengono applicate.

Questa situazione è una conseguenza gravissima di cui ne deve fare i conti lo stato, perchè se ci troviamo così, lo dobbiamo fondamentalmente ad esso che consente queste condizioni.

Anche la situazione previdenziale è agli sgoccioli, i nostri pochi averi sono arrivati all'esaurimento, sono decenni che paghiamo i vitalizi, le pensioni anticipate, i bonus, i viaggi , le automobili, le scorte, le varie spese extra, le baby pensioni, ai nostri politici, tutto ovviamente legale, le leggi in questo caso se le sono fatte bene e anche velocemente! E le pensioni ai falsi invalidi? Ma chi sono coloro che le hanno concesse? Quando la finanza riesce a smascherarne qualcuno, nessuno di noi ormai rimane più sorpreso, ma la domanda che bisogna farsi è se oltre a loro pagheranno anche i medici che l'hanno concessa! Perché queste persone, non credo abbiano fatto tutto da soli, qualcuno li ha aiutati ad ottenerla! Quando poi arriva a richiederla un vero invalido, non gliela danno! Come è possibile tutto questo? Come mai noi cittadini normali dobbiamo arrivare a pagare non si sa quanti anni di contributi? Con lavori molto più faticosi e sottopagati tra l'altro.......

Anzi probabilmente le nuove generazioni non l'avranno neanche una pensione.

E che pensioni! Quelle ai politici sono

astronomiche, quelle dei cittadini normali sono pietose! Ma chi l'ha stabilito tutto questo? Come?

E gli stipendi? Chi l'ha detto che semplici operai, boscaioli, muratori, camerieri, commessi e via dicendo.. debbano guadagnare (quando lo guadagnano) uno stipendio minimo e loro invece uno stipendio principesco?

Ma quando è stata decisa l'entità di tali compensi? Chi, dove, come?

Non è vero che i "nobili" e il "popolo" non esistono più, gli hanno solo cambiato il nome.

Essere onesti per Stella significa: **non nuocere mai nessuno per il proprio egoismo,** ma mi sembra che di **egoisti** nelle nostre istituzioni ne abbiamo parecchi!

Ed è proprio questo che lei rivendica come causadel suo malessere, come la solitudine, l'assenza di opportunità, lo stato di povertà, la difficoltà che si incontra in ogni cosa che si tenta di fare possano essere assolutamente distruttivi, anche lei viene presa da questo male, ancora giovane perchè appena quarantunenne, single, con un divorzio alle spalle, che vive con la madre di sessantasei anni, l'unico grande amore della sua vita e che teme infatti di perdere da un momento all'altro.

Stella è perfettamente cosciente del fatto che non sopravviverà al dolore della perdita della sua mamma, una mamma a sua volta infelice ma che è stata ed è l'unico punto di riferimento presente nella sua esistenza, cui vorrebbe, oltre ad avergli già dedicato la sua vita, regalare qualche gioia e molto di più di una figlia che si sente fallita ed è per questo che nella sua testa cominciano a crearsi vari pensieri di suicidio, per andarsene con lei (quando quel giorno arriverà) e porre fine ad una vita di cui non intravede più neanche lontanamente un bagliore di speranza, né un senso a viverla senza di lei, non sente più un futuro per se stessa, l'unico che vede è quello di diventare una barbona, una prospettiva che sicuramente spaventa se non avviene per scelta personale.

Tutte paure che Stella cerca di nascondere dentro se stessa ma che però non le hanno ancora permesso di arrendersi del tutto (anche se ormai, erano più i giorni in cui si buttava giù e si abbandonava al sonno per sfuggire alle fatiche della giornata e ai brutti pensieri) decide di rivolgersi (anche se fortemente scettica) a uno psicologo, da qui, grazie alla fulminea diagnosi del medico per lei si aprì un varco di speranza e ricominciò tutto.

Alla prima ed unica seduta (perchè Stella non vi tornò mai più) quel dottore comprese subito lo stato psicologico di Stella e anche che non sarebbero stati dei medicinali a risolvere le sue problematiche. Perchè tutto il suo mal di vivere proveniva da una grande insoddisfazione nel non essere riuscita a realizzarsi, a non avere prospettive di sopravvivenza autonoma (qualcosa a cui tutti hanno diritto) e secondo lui Stella, considerava responsabili della sua condizione tutte quelle cose che nella società in cui viveva non funzionavano, così gli consigliò un'unica e al quanto singolare terapia: scrivere! Sì scrivere! Le disse di scrivere delle lettere dove buttare giù tutto quello che pensava, tutto quello di cui voleva lamentarsi, denunciare, sfogarsi, le sue sensazioni, le delusioni, dedicando ogni lettera ad ogni argomento o episodio della sua vita e anche indirizzarle a qualcuno in particolare se ne avesse sentito il bisogno.

Bè, Stella lo fece, senza accorgersene riversò su quei fogli ogni volta che poteva tutti i brandelli della sua vita e tutto ciò che secondo lei non andava bene nel suo paese, azzardando ingenuamente anche delle ipotetiche soluzioni, chiaramente tutte viste e vissute dal suo semplice e "depresso" punto di vista, con le sue ristrettezze culturali ma con una grande umiltà d'animo, in questo modo ritrovò nella sua vita un piccolo scopo, scrivere era diventato una valvola di sfogo che piano piano sembrava farla sentire un pochino meglio. Addirittura cominciò a sperare, come non faceva ormai da tempo, che potesse essere utile a qualcun'altro leggerle, oltre che a se stessa in quanto terapia, anche per tranne qualche spunto, fermarsi un secondo a pensare ad un possibile rimedio del proprio dramma e che ci poteva essere sempre una via d'uscita, ma non ne immaginava l'effetto. Così le venne l'idea bizzarra di auto spedirsele e man mano che le riceveva, rileggendole, provò una singolare sensazione, come se fosse stata veramente qualcun'altra a scrivergliele, riuscendo in questo modo a ipotizzare le emozioni e le possibili reazioni che potevano suscitare in altri.

Ne trasse uno strano beneficio e via via che le ritornavano indietro le raccolse di nuovo tutte insieme decidendo finalmente di inviarle sotto forma di libro a tutte le possibili case editrici.

Il suo desiderio più grande era che le leggessero altre persone, era convinta che tutta la crisi che stiamo vivendo fosse riuscita anche a disgregare il famoso "popolo". L'unione, era quello che principalmente mancava, non dovevamo permettere che la disperazione ci facesse continuare a pensare ognuno a se stesso.

Per Stella si aprì una nuova vita, si concretizzò per lei il classico lieto fine.

Questo è quello che deve far sperare.

Perchè quel libro non solo fu pubblicato ma.......diventò un best seller!

Come una sorta di social network ma vecchia maniera, Stella riuscì a comunicare con tutte quelle persone che la pensavano come lei e che come lei volevano far qualcosa, ma quando ci si sente soli è al quanto difficile, galeotto fù anche il passaparola.

Il suo malessere oltre ad aver avuto riscontro in molte persone, che vivevano ogni giorno, chi più, chi meno, le sue sensazioni e condividevano le sue problematiche, le sue idee risolutive ingenue, banali se vogliamo, ma semplicemente logiche, vennero sposate anche dallo **stato** che grazie al clamore suscitato nell'opinione pubblica dal libro e di fronte alle azioni concrete di quei cittadini che riuscirono ad unirsi sul serio, fu costretto a metterle in atto.

L'Italia cambiò, divenne una nazione migliore.

14/04/2012   Lettera n.1

La mia vita in breve

Mi chiamo Stella e sono nata a Roma il 03 Luglio del 1970 , mio fratello di cinque anni più grande, si chiama Stefano, ma è come se non l'avessi , a diciassette anni è diventato padre andandosene di casa e attualmente non siamo più in contatto da parecchi anni, so solo che stà ancora cercando di riabilitarsi da un passato come alcolista, ho pochissimi ricordi della nostra infanzia, l'unico che rispolvero con dolcezza è quello di quando i nostri genitori ci hanno comprato due criceti e che eravamo contentissimi quando abbiamo assistito alla nascita dei loro cuccioli ma non tutti sopravvissero e questo ci rattristò subito dopo, è una delle poche cose che abbiamo teneramente vissuto insieme.

Un 'altro ricordo fu quando andai a trovarlo in comunità (io mi ero già sposata) , dove finì per i suoi problemi di alcolismo, prima di andarmene mi portò nella sala dove altre persone con i suoi stessi problemi svolgevano attività di artigianato, prese una cosa da un tavolo e quando me la

porse scoppiai a piangere!
Eravamo in prossimità del natale e lo aveva fatto
con le sue mani per me , era un piccolo quadretto
di legno scuro con sopra raffigurata una figura
religiosa, è il regalo più bello che mi aveva mai
fatto (forse l'unico), perchè per me significava che
mi avesse pensato, pensato a sua sorella, ho
sentito il suo amore in quell' attimo e il mio più
grande rammarico è aver perso quel quadretto.
Purtroppo nella mia vita ho subìto svariati e
forzati traslochi, altri tristi capitoli per me,
sicuramente è andato smarrito in uno di questi e
ancora oggi non me ne faccio una ragione.
Quando penso a lui, lo faccio con grande
malinconia, mi viene subito voglia di piangere per
non aver potuto godere di un rapporto così
importante nella vita come possono esserlo un
fratello o una sorella, cui soprattutto se si è più
grandi, si sente il bisogno di proteggerli, guidarli,
fargli da spalla nei momenti difficili, vivere la vita
restando uniti.
Ho sempre pensato che quando una cosa non la
conosci non ne puoi sentire la mancanza, ma se
ne sai l'esistenza e non puoi viverla è logorante.
Sono arrabbiata con lui probabilmente come lui lo
è con me, ho tentato un riavvicinamento ma
Stefano resta paurosamente impassibile, di una
freddezza che non poche volte è riuscita a

sconvolgermi.

Credo che tutto parta dalla nostra infanzia, dalla nostra famiglia anzi, da una famiglia che non c'è.

I nostri genitori si sono separati quando io avevo sette anni e lui dodici, probabilmente avendo caratteri differenti lui avrà incanalato il suo dolore in modo diverso dal mio e le conseguenze sono state quelle che sono state. Ricordo ancora (e questo è drammatico per una bimba di sette anni) come se fosse ieri, quando mia madre mi venne a prendere a scuola, frequentavo la seconda elementare e quel giorno sarei dovuta andare a pranzo dalla mia amichetta del cuore che mi aveva invitato, quando gli corsi in contro per salutarla e chiedergli il permesso, la mia mamma (addirittura ricordo cosa indossava, un impermeabile beige) aveva le lacrime agli occhi e mi comunicò come fossi un'adulta che mio padre aveva fatto la valigia e se ne era andato, così senza mezzi termini e mi pregò di tornare a casa con lei senza fare capricci e io scioccata ma comprensibilmente, lo feci.

Può sembrare spiazzante agli occhi degli altri una tale schiettezza da parte di una mamma nei confronti di una bambina ma oggi che sono adulta posso capire e perdonare mia madre.

Una donna fragile, disorientata , lontana dalla sua famiglia, in un paese che non è il suo perchè straniera, insomma una condizione difficile da sopportare se ci si mette anche una delusione così forte come può essere il proprio divorzio se non voluto e che l'unica spalla che sentiva di avere era rappresentata dai suoi figli.

Restare sola con due bambini senza lavoro, nè appoggi morali, sentirsi tradita dall'uomo che ami, con un carattere sicuramente debole può essere ovviamente destabilizzante e di conseguenza lo si è senza volerlo anche con i propri figli.

Che tonfo al cuore avevo avuto quel giorno al suono di quelle parole, il mio papà ci aveva lasciato per un'altra donna, una con cui poi nell'arco della mia vita non ebbi alcun rapporto.

Nonostante i tentativi di mio padre né io né mio fratello,

abbiamo mai voluto avere niente a che fare con lei e avevamo delle ottime ragioni.

Una donna che fa di tutto per allontanarlo da noi, che gli priva di darci il suo numero di telefono per chiamarlo a casa in caso di bisogno , che mi spiattella in faccia che l'unica ragione per cui secondo lei io ero nata è stato uno sbaglio, che potevo essere una motivazione per rimettere le cose a posto fra mamma e papà, ma che non aveva funzionato, così mi disse un giorno, nelle rare occasioni in cui fui costretta a vederla.

Che tristezza una donna così, deplorevole per la

nostra categoria, il fatto che non ha mai avuto figli non è una giustificazione di essere così egoista e cattiva nei confronti di una bambina.

Ma man mano che crescevo e capivo, più che altra, la persona che colpevolizzavo era mio padre, perchè era lui che non doveva permettere una cosa del genere.

Io non sono contraria alle famiglie allargate, può capitare di non amarsi più e di sceglier compagni diversi per la propria vita ma per far filare tutto liscio con i figli di mezzo bisogna essere secondo me estremamente altruisti e particolarmente intelligenti per riuscirci.

Comunque, le cose ormai sono andate così, le nostre vite sono andate così, credo che solo oggi papà si stia rendendo conto un "pochino" dei suoi errori, d'altronde secondo me, genitori si nasce non si diventa, si può imparare a sbagliare di meno e forse è quello che sta cercando di fare lui oggi, cercare di fare meno errori possibili.

Un suo grande gesto d'amore, che credo non tutti l'avrebbero fatto, è stato quello di accogliere me e mia madre, nonostante

siano divorziati, nella casa che ha comprato nel '98, quando ci siamo trovate ad un passo dal vivere in mezzo alla strada.

Io avevo avuto lo sfratto, dopo la separazione non ce la facevo a pagare l'affitto, era la casa dove vivevo con mio marito, è stato il periodo peggiore della mia vita, ecco perchè provo una particolare sensibilità per quelle persone che vivono questo incubo, io le capisco, so cosa significa perdere tutto e ancora oggi mi domando dove saremmo finite io e mia mamma se papà non ci avesse aiutato, anche se poi, la cosa triste è che ce lo fa pesare appena può.

Ecco forse, la differenza fra me e mio fratello, credo che lui non li abbia mai perdonati per ciò che è successo, mamma per la sua fragilità e papà per il suo egoismo, inoltre credo anche che abbia scelto inconsciamente di scappare da questa realtà scegliendo di crearsi una famiglia per conto suo molto giovane, dimenticando però di avere una sorella che in tutto questo non aveva colpe.

Per non parlare poi del resto della famiglia, quella di mio padre, forse, giusto il nonno ho conosciuto e vissuto per un pò, mi ricordo che mi cantava quelle belle canzoni italiane della sua epoca, e che mi chiamava " bella".

Anche di lui sento nostalgia ora che non c'è più...

Gli zii? E chi li vede? Giusto al mio matrimonio si sono fatti vedere...ma ora che ne ho più bisogno dove sono? Nonostante questo brutto esempio so perfettamente che non è così che funziona una famiglia e questo ho avuto modo di vederlo attraverso la realtà di altre persone.

La famiglia è unione, amore, presenza, comprensione.

Non mi ricordo una festa di compleanno, un natale insieme, niente.

Anche il mio matrimonio purtroppo non ha funzionato, avevo idealizzato troppo mio marito, l'avevo scambiato per il principe azzurro che mi avrebbe salvato facendomi credere di nuovo nella famiglia, nell'amore e nella felicità.

Divorzio inevitabile, per mia scelta sofferta, ma necessaria.

Quindi facendo un quadro generale e crudo della mia situazione affettiva, quella vera, concreta, eliminando tutti i conoscenti, bè oltre alla mia adoratissima mamma e un'amica splendida che considero come una sorella (anche se non riesco a vederla spesso perchè abitiamo lontane) e un papà scarso (ma c'è di peggio, che ora non vedo da otto mesi) non c'è nessun'altro!

Sono sicura che alla base della mia infelicità ci sia anche lo stato affettivo che mi ritrovo e mi rendo conto di essermi portata dietro questa mancanza, questo vuoto, per tutta la mia vita fino ad oggi e che è inevitabile che continuerò a farlo. E' una sofferenza troppo grande che non si può cancellare e che sicuramente ha contribuito ai miei insuccessi e alla mia insicurezza.

16/04/2012   Lettera n.2

Il lavoro

Ah ....il lavoro! Questo si che è un argomento scottante!

Forse il campo dove sono rimasta delusa ancora di più....dove un essere umano per diritto e se meritevole, dovrebbe trovare la sua collocazione e veder rispettata la propria dignità.

Nonostante una famiglia non unita, sono cresciuta comunque con una forte educazione e oltre alle buone maniere, mio padre che per quanto riguarda il lavoro ha avuto sempre il pallino del sacrificio estremo e dell'umiltà ad imparare, non smetteva mai di ripetermi _: Stella ricorda che nessuno ti regala nulla! Fatti vedere che ti dai da fare, disponibile, volenterosa! Ringrazia e non chiedere dello stipendio, aspetta che sia il datore di lavoro a farlo! (Sì.. aspetta e spera!)

Il principio non era sbagliato ma purtroppo la maggior parte dei datori di lavoro che ricevevano da un dipendente codesta dedizione non erano sempre disposti a ricompensarlo come legalmente meritava.

Mamma mia! E' un disco che mi rimbomba ancora

oggi nelle orecchie ma all'epoca purtroppo sposai la sua filosofia, d'altronde essendo una bambina assorbivo le sue guide educative senza battere ciglio, avevo solo quattordici anni quando ho cominciato a lavorare e non avevo ancora idea a quale realtà sarei andata incontro.

Capirai, mio padre era un pò restio a dover corrispondere

mensilmente gli alimenti (quanto ce li ha fatti sudare e pesare!) e non vedeva l'ora di buttarmi nel mondo del lavoro!

Dopo aver conseguito la terza media... via! Direttamente lanciata nel "vortice dello sfruttamento", oggi il mondo del lavoro mi piace definirlo così!

E pensare che adoravo la scuola, infatti non avendovi mai rinunciato nell'arco degli anni, mentre lavoravo, nel 2006 sono riuscita anche a diplomarmi, da privatista ovviamente! Con i famosi sacrifici!

Siamo nel 1984 e la mia prima esperienza si è svolta come apprendista presso un famosissimo negozio di scarpe , il titolare e sua moglie avevano il classico modo di fare " io padrone, tu schiavo " ma stare a contatto con la gente mi piaceva, ero anche piuttosto brava, riuscivo a vendere soprattutto ai turisti stranieri, addirittura quattro o cinque paia di scarpe alla volta e mi divertivo molto a masticare le varie lingue, inglese, francese, spagnolo!

Ma la " padrona" per gelosia nei confronti del marito che mi elogiava per le mie qualità, preferiva che mi dedicassi prevalentemente alle pulizie e quando io pulisco, pulisco sul serio, senza peccare di presunzione, mi piace fare le cose bene, ma un bel giorno avendo appena finito di lavare (ricordo che ero distrutta, fra le pulizie, le vendite, il magazzino, i clienti e sali e scendi dal magazzino, otto, nove ore di fila se non più) i suoi figli uscirono dal bagno e lo avevano ridotto in un modo indecente, così per dispetto, senza nessun rispetto per il mio lavoro, senza chiedere scusa, io non ci ho visto più , soprattutto perchè la mamma non li riprese in alcun modo, quindi mi sono permessa di farlo io e lei se ne è risentita! La sua spiegazione fu che i suoi figli potevano fare quello che volevano nel loro negozio!

Io rimasi allibita, salutai la "padrona" invitandola a pulirsi il bagno da sola e la informai che dal giorno seguente non sarei più andata!

Bè a tutto c'è un limite, ma poi per due soldi!..Essere trattata così è brutto...

Che bell' esempio di civiltà ricevetti già al mio primo lavoro..

Figuriamoci la reazione di mio padre quando glielo raccontai, secondo lui sarei dovuta stare zitta! Ma per favore! In questi frangenti, ecco, la stima per mio padre si abbassava precipitosamente! Ma la mentalità di un'altra generazione è difficile da cambiare!

Da lì proseguii comunque a rinforzare la mia esperienza di commessa, nel senso che continuai a farlo provando tutti i settori: dall'abbigliamento agli accessori, dagli alimentari alla telefonia mobile fino a finire alla grande distribuzione.

Chiaramente, ci tengo a sottolineare, quasi tutto rigorosamente in nero! Ci mancherebbe! Poi sono finita nei vari bar, anche lì, turni massacranti, dove se mi capitava di assentarmi per malattia la paga mi veniva sottratta e gli straordinari non mi venivano pagati. Chiaramente appena potevo mi spostavo da un lavoro all'altro sperando di migliorare la mia posizione, ma il massimo di contratto che potevo "rischiare" di contrarre era un determinato o un apprendistato della durata scarsa di due anni non di più.

Insomma le ho provate quasi tutte, sono approdata anche nei famosissimi call center e sono stata anche fortunata ad essere incappata in uno di quei pochi che pagava, ho saputo di alcune ragazze che hanno lavorato tre mesi e alla fine dei quali non hanno visto neanche un euro! Indecente , dopo la denuncia, in quegli uffici erano spariti tutti i responsabili!

Bella giustizia!
Quanti punti esclamativi in questa lettera! Credo
che sarà una delle più lunghe che scriverò, chissà
perchè, l'argomento forse? Già!
Quindi, alla luce dei fatti oggi posso dire di avere
sulle spalle ventisette anni di lavoro, contributi
pagati è meglio che non lo dico, si capisce da sè
che sono molto pochi e gratificazione zero, perchè
sarà pur vero che nei miei ex datori di lavoro ho
lasciato un bel ricordo proprio per la mia
"economica" efficienza ma loro non lo hanno
lasciato a me. Perchè mi chiedo, ma quando si
tratta di soldi o di regolamentazione contrattuale i
meriti dove vanno a finire, le leggi dove sono?
Non sono mai riuscita a pagarmi un affitto,
figuriamoci comprare una casa, senza un'ottima
busta paga e un valido contratto chi te lo dà un
mutuo? E' vero anche, che mantenendo mia
madre, (perchè ciò che gli dava mio padre,
quando glielo dava, non era sufficiente per lei)
non mi restava quasi niente e quindi non potevo
permettermi molto, neanche svaghi e vacanze, il
mio ex marito poi, non mi dava nulla, insomma,
tante sofferenze, tanti bocconi amari da mandare
giù per necessità, tante rinunce, costretta ad
accettare silenziosi ricatti pur di lavorare per
ritrovarsi oggi, senza niente, sia a livello materiale
ma ancora più grave anche a livello

morale, perché se il morale arriva a terra è finita, se non riesci a farlo risalire, se la tua mente si rifiuta di reagire non dipende più solo da te.

Mi sento di aver dato tanto nel lavoro e di aver ricevuto molto poco.

E' frustrante!

Oggi a quarantuno anni mi ritrovo a vivere con mia madre, che attraverso il suo assegno sociale di 429 euro sostiene anche me e cerchiamo di sopravvivere e per fortuna che le utenze le paga papà altrimenti non so come avremmo fatto.

Perchè è un anno e mezzo che sono crollata, la depressione mi ha sopraffatta e questo non mi consente di trovare la forza per reagire ancora, mi sono chiusa in me stessa e provo una grande riluttanza nella realtà lavorativa che questa Italia ci offre, anzi di quello che non ci offre!

Purtroppo mi sento sempre molta stanca, come se avessi fatto chissà cosa, provo un profondo

senso di vuoto e molto spesso, vengo presa da attacchi di panico che mi impediscono anche di uscire di casa, come faccio, come posso far fronte a questa mia condizione?

Poco prima di arrendermi definitivamente pensai che forse non avevo trovato ancora la mia strada, le mie vicissitudini purtroppo mi avevano costretto a fare delle scelte senza mai potermi dedicare veramente a me stessa, a quello che

avrei voluto fare davvero nella mia vita, quindi mi
sono detta : bene Stella intraprendiamo altri
percorsi di studio, magari mi si illumina qualcosa
e posso avere altre opportunità! Quei corsi
regionali gratuiti, quelli della provincia o altri
finanziati dai fondi europei, quelli che
pubblicizzano tanto le istituzioni (in modo da
giustificare molto spesso le entrate di quei fondi
che non credo vadano a ricoprire interamente tali
scopi), quelli dedicati proprio a noi disoccupati di
una certa età (anche)!
Mi tuffai subito nella ricerca attraverso i siti
principali, ma ben presto mi accorsi che molti
corsi erano dedicati ai giovani fino ai 18 anni, poi
c'era un'altra fascia che riguardava quelli di
massimo 32, e devo anche dire che la scelta era
molto limitata, cioè o questo o quello, non di più,
inglese, computer, operatore turistico.
Per carità dei rami di studio validissimi, ma se
qualcuno avesse delle attitudini diverse, non so,
artistiche per esempio?
Deve rinunciarci? Io per esempio avrei voluto
imparare a fare la decoratrice d'interni, ma questa
scuola è solo a pagamento! Tra l'altro, per questi
corsi bisognava anche aspettare che uscisse il
bando per fare la selezione, come i concorsi più o
meno. E non era neanche detto, di riuscire a
entrare nei soli venti posti gratuiti

disponibili.

Dovevi superare il test di cultura generale, dovevi allegare tutta la documentazione che provava il tuo basso reddito e poi sperare di essere scelta.

Ma immaginando quanti siano nella mia condizione mi sà che rientrare fra quei venti era un'utopia!

Ah è chiaro se fossi stata ancora giovane, senza problemi, forse con un pizzico di fortuna avrei potuto farcela chissà, ma c'è un piccolo particolare che noi dai quarant'anni in su in Italia siamo considerati già vecchi e i corsi gratuiti dedicati alla nostra fascia d'età sono ancora più rari di quelli dei giovani, perchè questi bandi non escono mai!

Insomma sentii un 'altro calcio in faccia.

Qui crollai del tutto.

Questo male oscuro come la depressione, ho come l'impressione che spesso venga sottovalutato anche da molti medici, che pensano di attutirla con dei medicinali, che secondo me possono indurre dipendenza, provocando a volte altre problematiche, in altri casi saranno sicuramente efficaci, io però sono contraria ad assumerli e credo fortemente che le soluzioni concrete o comunque con buoni risultati si possano ottenere in modo diverso.

Poi ovviamente c'è caso e caso, voglio parlare per me, alla base del mio caso penso che si trovi come causa principale un grande scoraggiamento e un'immensa paura per il futuro.

Noi depressi in fondo abbiamo bisogno di conforto e serenità , opportunità di credere ancora nel futuro con fatti concreti, in modo di poterci spronare ancora.

Io oggi, ho la netta sensazione di aver provato tutte le mie cartucce e che ogni volta che l'ho fatto, mi sono trovata sempre davanti a degli ostacoli insormontabili, i famosi bastoni tra le ruote che lo stato ci impone.

E' tutto estremamente difficile, dal richiedere un semplice documento, a fare una visita medica, a trovare un lavoro, a trovare dove abitare, a frequentare una scuola, a mangiare, tutto, tutto!

Questa tremenda crisi che è peggiorata di recente nel mio paese ha contribuito enormemente, per lo stato di povertà che incombe, per l'assenza di lavoro, di opportunità, soprattutto per la mia fascia di età, le spese che non finiscono mai, anzi, aumentano, la salute che crolla e che molto spesso è difficile prevenire e curare grazie anche al mondo della sanità sovraccarico di problematiche, insomma tutti questi aspetti non sono solo da considerare, ma devono essere assolutamente risolti.

La mia condizione è diventata un' handicap mentale che blocca totalmente.

Mi impedisce di fare una vita normale, anche se ne sono cosciente, resto impotente.

Provo rimorsi e rimpianti e anche rabbia per tutto quello che non ho vissuto con serenità.

Merito questo epilogo? Non credo proprio! Non è giusto.

Ma nessuno di noi lo merita!

Avrei bisogno di grandi dosi di incoraggiamento, ma anche di concrete possibilità, e vedendo cambiare le cose nel mio paese, toccandole con mano, penso che la mia forza, le mie energie resusciterebbero.

Potersi vedere aprire almeno una porta senza dover abbattere niente e nessuno per entrarci sarebbe confortante.

Ci sono molte persone che si ritrovano come me e anche peggio!

C'è chi vive in mezzo alla strada e non per scelta!

Stato devi cambiare!

Tutta questa disoccupazione, questo vedersi calpestare tutti i giorni la propria dignità, i propri diritti, sta lasciando dietro di sé molte vittime, in tutti i sensi, sta portando le persone a una disperazione tale, che porta a perdere anche la voglia di vivere..

E' tutto sbagliato, la prima cosa che salta

all'occhio è la mancanza di controlli, dove lavoravo non è mai venuta nessuna figura istituzionale a verificare se stavo in regola.
Quindi gli imprenditori, quelli disonesti ovviamente, perchè voglio sperare che non siano tutti così, parliamoci chiaro, potevano approfittarsi dei loro dipendenti assolutamente indisturbati, senza pagare i loro contributi, risparmiavano così tanti bei soldini che andavano a finire felicemente nelle loro tasche, vantandosi allegramente di aver fregato anche lo stato!
Come dobbiamo sentirci noi lavoratori?
Considerando che anche lo stato stesso ci frega tutti i giorni?
Sembra che ormai vige la legge del più furbo, in tanti pensano come fregare il prossimo per star bene loro!
E' una cosa orribile, non dobbiamo diventare così duri ed egoisti.
So che molti valori, tra cui anche il senso della famiglia e l'onestà stanno via via scemando, proprio perchè intorno a noi stiamo vivendo dei pessimi esempi , ma non dobbiamo permetterlo.
Anch'io ho dovuto da tempo rinunciare a diventare mamma, la cosa più bella per noi donne, d'altronde come potevo mettere al mondo un bambino, come l'avrei mantenuto?
Sono bravi i politici a parlare, a sparare a zero su

tutti quei figli italiani che a quarant'anni stanno ancora a casa con i genitori!

Ma perché, ce la vogliono pagare loro una casa dove andare a vivere da soli senza gravare sulla famiglia?

Ce lo assicurano loro un lavoro sicuro?

No! Quello che si assicurano, con delle leggi adeguate, elaborate a tavolino, è solo il loro tornaconto!

Poi dicono, ma i matrimoni sono in diminuzione, le nascite sono in calo, le università si stanno svuotando e ti credo con tutto quello che costano! Ma vogliamo ribellarci?

C'è un aspetto importante che trovo abbastanza positivo che è a nostro favore, ed è rappresentato dai mezzi di comunicazione, è grazie anche ai giornali, telegiornali, radio e alle trasmissioni televisive che si occupano di queste cose e che ci informano spesso di situazioni gravissime di cui altrimenti non ne verremmo a conoscenza, voglio ringraziare per questo tutti quei giornalisti onesti che ci svelano retroscena raccapriccianti che ci riguardano tutti da vicino.

Anche i libri sulla "casta" ci hanno messo di fronte alla verità di cui siamo vittime.

Come avremmo potuto sapere altrimenti della vera entità di ciò che incassano i nostri politici per fare quello che spesso non fanno? E cioè :

lavorare per i nostri interessi!
Bene penso che con questa piccola panoramica, penso di aver reso chiaramente l'idea di come la penso, ora vorrei buttare giù un lista su quello che secondo me bisognerebbe intervenire ma nell'immediato però.

22/04/2012 Lettera n.3

Lista degli interventi

1) Le leggi più importanti da cambiare subito:

In primis le leggi da ora in poi devono essere proposte e approvate dal popolo, come?
Attraverso delle votazioni lampo, proposta, votazione, scrutinio, risposta, una a settimana o al mese al massimo, e dal giorno dopo subito in vigore, ci vorrà un pò di tempo, prima che ritocchiamo tutto, ma si può fare.
Una specie di sistema di smistamento: ogni cittadino, una volta al mese,proporrà su un foglio cinque leggi che desidererebbe vedere in vigore.
Lo scrutinio provvederà a smistare tutte quelle leggi che in maggioranza si eguaglieranno o saranno simili fra loro, quindi, quelle similari che avranno avuto più richiesta passeranno all'approvazione.
E poi via via così facendo finché si ristabilirà una valida giustizia su tutti i settori, penso che se ne vedrebbero delle belle! In senso positivo.

Almeno così si arruoleranno anche un pò di giovani disoccupati per svolgere questo nuovo e assiduo compito, chiaramente in regola e giustamente remunerato.

Ecco create nuove occupazioni e a beneficio di tutti noi tra l'altro!

Non come fanno loro, che per le leggi che riguardano le loro pensioni o altri privilegi che si auto concedono ci mettono poco e per far alzare la pena contro lo stupro ci mettono una vita e magari la bocciano pure come già è successo!

Ah, a proposito, il rito del giudizio abbreviato deve essere abolito!

E i processi devono durare massimo un mese! Un'udienza al giorno! Non bastano le aule di tribunale?

Bene, arruoliamo delle imprese edili che sono un pò in crisi e altri disoccupati e costruiamone delle altre, su tutti quei terreni che non sono utilizzati.

Che il governo investa nelle imprese e aziende italiane! Non solo su quelle straniere!

Hanno speso tanti di quei soldi pubblici per delle cose inutili e che tra l'altro sono rimasti in disuso! Che spreco, a spese dei cittadini sempre!

Anche le separazioni, i divorzi, ma perchè devono durare anni? Se due si vogliono lasciare, basta, si passa subito al divorzio in un giorno solo, massimo due per decidere sui figli nel caso ci fossero, tanto fanno sempre in tempo a rimettersi insieme se cambiano idea!

Cioè, non vedo perchè in Italia, dobbiamo burocraticamente parlando, sempre rendere tutto così lungo e complicato, quando invece sarebbe così semplice!

E quanto risparmieremmo!

Per quanto riguarda la delinquenza invece, penso che solo in caso di colpevolezza senza ombra di dubbio, la pena afflitta deve essere certa, quando si tratta di omicidio, esclusa la legittima difesa o l'incidente, non ci devono essere sconti di nessun tipo.

Mi sono stancata di vedere le facce di quelle mamme disperate che hanno perso i loro figli o le loro figlie per mano di brutali assassini e che se li vedono passeggiare liberi davanti casa solo dopo pochi anni di carcere, perchè qualche giudice ha deciso così, grazie sempre a quelle leggi e attenuanti sbagliatissime che glielo consentono.

Oppure hanno dimenticato di depositare la sentenza e per scadenza dei termini li liberano subito!

Oppure per buona condotta meritano un premio, una libera uscita! Ma scherziamo?

Chi commette feroci omicidi deve pagare, punto, come la vittima ha pagato ingiustamente con la vita, l'artefice deve pagare a vita con la galera.

2) Gli stipendi dei parlamentari, senatori, segretari, sottosegretari, onorevoli, ministri, presidenti, vice presidenti, tutte le cariche politiche esistenti per intenderci, vanno altamente ritoccati, anzi più che dimezzati!

E via le auto blu, andassero al parlamento o alla camera con le auto proprie, oppure si alzano presto, come facciamo noi e prendono l'autobus!

Altro che scorta!

E se proprio la vogliono perché non se la pagano da soli?

I partiti non dovranno più beneficiare dei fondi pubblici per le loro campagne, facessero come una volta, un palchetto, un microfono o un megafono, al massimo un megaschermo, ma a spese loro!

I comizi si facevano così, una volta..!

Anzi ora che ci penso, ma a che ci servono tutti questi partiti o questi politici? Non sono troppi?

La carica più bassa potrebbe guadagnare sui milletrecento euro e la carica più alta come il presidente della camera, del senato , il presidente della repubblica massimo duemila, duemila e cinque.

Credo che siano più che sufficienti.

Noi, gente semplice, certe cifre forse non le

abbiamo mai raggiunte!

I vitalizi saranno assolutamente aboliti, prenderanno la pensione quando avranno versato come tutti noi l'esatta quantità di contributi da versare.

Il senatore a vita non deve esistere.

Anche loro così capiranno cosa significa doversi pagare una casa, da mangiare, l'automobile, le spese mediche, i figli, tutto con uno stipendio "normale"!

Tutti i soldi sottratti in questo modo ai portafogli dei nostri politici serviranno a cancellare il nostro debito pubblico, che loro stessi hanno provocato.

Vogliamo scommettere che nel giro di poco " il lavoro" di politico non lo vorranno fare più in molti? Esclusi quelli dotati di un forte senso civico ovviamente.

3) Le tasse.

La tassa sulla casa? Abolita.

Non esiste che un cittadino che dopo tanti sofferti sacrifici è riuscito a comprarsi una casa e quindi anche il suolo su cui vi è posata, (di cui già paghiamo il condominio e la tassa sulla nettezza urbana) debba continuare a pagarci sopra a vita anche l'imu, per lo più esosa! E perchè poi? Per risanare il debito che hanno creato loro con tutti i soldi che si sono messi in tasca, alle nostre spalle?

Eh no! Noi vediamo morire cittadini strozzati da queste difficoltà a causa loro e non ci stiamo più, basta!

Gli unici che dovranno pagare l'imu saranno coloro che posseggono più case.

Qui mi sembra giusto, se hai più case è giusto pagarci qualcosa sopra, soprattutto se rappresentano delle rendite quando si affittano a terzi! Quindi non ce la si passa poi così male!

Le tasse sulle scuole ?

Abolite, le famiglie devono già far fronte alle spese dei libri e di tutto il resto che occorre per lo studio, a meno che passino tutto loro gratuitamente e allora si potrebbe anche pagare una piccola tassa, ma molto piccola però.

Questa regola deve valere dall'asilo fino all'università.

Anche l'istruzione è un diritto e deve arrivare fino all' università!

L'istruzione deve essere assicurata gratuitamente a tutti quei cittadini con un reddito basso, ma senza troppe difficoltà però, niente bandi per ottenere questo diritto, niente vie burocratiche complicate per ottenerla!

Che come siamo messi oggi, solo il pensiero di intraprendere un viaggio interminabile di documentazioni e tempi di attesa senza fine, ti

fanno passare la voglia di chiedere qualsiasi cosa!
Se te le danno poi!
Tutte le altre tasse esistenti devono essere
abbassate in base al reddito totale percepito dalle
famiglie, abbassate di parecchio però, non solo
una leggera smussatina.

4) Le pensioni e il lavoro nero.
 Bè tutte adeguate all'ultimo stipendio percepito.
Nel caso fosse troppo basso per varie ragioni
dovrà essere riadeguato.
L'assegno sociale deve alzarsi fino ai settecento
euro, per chi a causa del lavoro nero fino ad oggi
non ha potuto raccimolare i contributi necessari
potrà almeno contare su questo rialzo.
Saranno sufficienti venti anni di contributi versati
per andare in pensione, a partire da ora, ma ci
sarà una regola, una volta pensionati, non si potrà
essere più assunti per altri lavori, in modo da dar
spazio alle nuove "reclute".
E' necessario per consentire un buon riciclaggio
del personale, altrimenti altri rischiano di restare
fuori dal lavoro troppo tempo, il lavoro non basta
per tutti, anche se sto proponendo e
inventando nuovi posti di lavoro, ci vorrà del
tempo prima che ci occupiamo tutti e poi non è
giusto che le persone si debbano ammazzare di
lavoro fino all'anzianità.

Per quanto riguarda il lavoro nero, ormai quegli anni persi non ce li può ridare più nessuno, a meno che non fate in tempo ad avviare una causa e la vincete! Auguri!

Io ci ho rinunciato più di una volta perchè la nostra giustizia fa scoraggiare parecchio...testimoni, avvocati, soldi che non avevo, anni e anni di attesa.. c'è anche chi ce l'ha fatta però, chi vuole ci provi, se rientra nei termini di tempo, cinque anni da quanto mi risulta attualmente!

Tanto il lavoro in nero non esisterà più, come?

Grazie alla creazione di nuovi posti di lavoro, "i controllori del lavoro in regola", assunti tramite regolare concorso, superando un solo test sui doveri sacrosanti per una sana civiltà , chiaramente potranno parteciparvi solo persone disoccupate e provenienti da famiglia a basso reddito, in questo caso vista l'enorme responsabilità del ruolo si impone un limite d'età, dai quaranta ai cinquantanove anni (abbiamo detto che si va in pensione a sessant'anni, però chi ancora non ci rientra e avrà in quel momento ancora cinquantanove anni potrà sperare di trovare ancora lavoro) e con diploma, che quotidianamente su turni, tranne la domenica, batteranno al tappeto i negozi, le aziende, qualsiasi struttura che prevede l'utilizzo di altri lavoratori oltre al titolare, e che dovranno essere in regola con un contratto, anche i familiari stessi se vi lavorano dovranno essere regolarizzati.

Un aiuto in più ai nostri finanzieri ma senza la divisa però, si occuperanno solo di questo aspetto.

Non si potrà sfuggire a tali controlli, in caso di irregolarità verrà presentata alla stessa finanza immediata denuncia, e il titolare oltre alla multa rischierà la momentanea chiusura dell'attività.

Tale durezza è necessaria per debellare il fenomeno del lavoro nero, chi l'ha subìto la capisce sicuramente.

D'altronde da che mondo e mondo un dipendente felice lavora meglio e prende più a cuore quello che fa, a beneficio dell'attività e del datore di lavoro.

Forse dopo noteremo la differenza entrando nei negozi o in altri tipi di servizi, i dipendenti saranno più sorridenti e gentili.

E' chiaro che i datori di lavoro saranno dallo stato, agevolati notevolmente sul piano fiscale che riguarda appunto le assunzioni, esisteranno d'ora in poi solo due forme di contratto, l'apprendistato di due anni, con l'obbligo del passaggio ad indeterminato, che comprenderà i giovani dai 18 ai 39 anni, e l'indeterminato immediato per i lavoratori dai 40 ai 59 anni.

I sessantenni non avranno nulla di cui preoccuparsi perché saranno già in pensione con il loro meritato assegno.

In entrambe i casi chi assume, avrà una riduzione fiscale del 70% e sarà obbligatorio assumere nei casi in cui si necessita di più lavoratori sia il giovane che il dipendente maturo in quantità para, se l'esigenza fosse dìspara l'assunzione spetterà al lavoratore che dimostra di avere una famiglia da mantenere.

Tutti gli stipendi, dei nuovi posti di lavoro e dei lavori già esistenti in sintesi, saranno aumentati rispetto ad oggi, quindi tutte le posizioni rivalutate e adeguate nel tempo in base agli aumenti istat e al costo della vita attuale.

Per intenderci, per una volta sarà il popolo a essere più ricco dei politici!

Riepilogando, una buona parte di giovani disoccupati li assumiamo nelle "votazioni" che avremo frequentemente per fare le leggi, un'altra bella fetta ma di età dai 40 ai 59 che fino a ieri era difficile collocarli li assumiamo per fare " i controllori del lavoro in regola", gli altri saranno tutti finalmente regolarizzati!

Mica male! Attenti call center! Sarete obbligati ad assumere tutti in regola! L'operatore telefonico è forse il dipendente più a rischio ma non escluderei neanche chi deve lavorare in case private, qui consiglio a tutti di rifiutare se non vi viene fatto un contratto regolare immediato!

Insomma attenzione a tutti i datori di lavoro disonesti, perchè questi "controllori" saranno la vostra visita quotidiana, e sottolineo quotidiana.

Forse ho sorvolato un particolare, il contratto dovrà essere firmato il giorno dopo l'assunzione, i famosi "mesi di prova" saranno aboliti, perchè spesso erano usati come una buona scusa per non assumere, allo scadere un bel " mi dispiace ma non vai bene per questo lavoro", oppure " non rendi abbastanza, non posso assumerti"!

Onde evitare tutto questo verranno così aboliti, ma ciò non toglie che bisognerà, dopo l'assunzione in regola, essere più che meritevoli, altrimenti se il datore riesce a provare che non siete dei validi collaboratori si rischierà un legittimo licenziamento! E mi sembra più che giusto! Quindi, mi raccomando, serietà, massima onestà, cordialità, velocità, puntualità, precisione, dinamismo e buona volontà! Più o meno a grandi linee, sono le qualità che un bravo dipendente deve possedere!

Tranquilli faremo scendere anche gli affitti delle case! Stavo pensando a qualcosa come: la costruzione di nuove case per coloro che non ce l'hanno, e che non dovranno pagare finchè non avranno un lavoro!

Mentre chi il lavoro ce l'ha già, pagherà un giusto affitto in base alla casa e al proprio reddito, ma ci sarà un tetto da rispettare per i proprietari che affitteranno, gli affitti su case fino a un massimo di 70 mq. non dovranno mai superare la soglia dei 250 euro, oltre i 70 mq. si stabiliranno altre quote sempre giuste ed accessibili.

Bè ci possiamo stare!

15/05/2012   Lettera n.4

Un pensiero a quegli imprenditori...che ci hanno lasciato

E' un pò che non scrivevo, ma d'altronde il mio stato depressivo non mi consente di farlo assiduamente, devo sentirmi in vena o ispirata, il mio umore è pessimo sei giorni su sette! E se mi sento particolarmente stanca non riesco a fare nulla!

Ma oggi qualcosa mi ha dato un pò di forza, ultimamente riesco a trarla solo dalla rabbia e le notizie al tg mi hanno fatto arrabbiare già da ieri!

Altri imprenditori si sono suicidati, gli assalti alle agenzie di Equitalia aumentano, e i nostri politici cosa dicono ? " State tranquilli dipendenti Equitalia che noi non vi abbandoneremo!"

Ma, scusate, e i lavoratori in crisi che si vogliono ammazzare? Quelli sì che li hanno lasciati soli! A me sembrano veramente fuori di testa le istituzioni! Nessuno è stato capace, oltre a esprimere un dispiacere verbale, (di cui la famiglia del suicida se ne fa ben poco) a fare un appello a tutti gli imprenditori in difficoltà, quelli veramente disperati, invitandoli a non commettere un atto del genere e di rivolgersi magari a un centro nato apposta per aiutarli, questo significherebbe fare concretamente qualcosa!

No, ma chè! Si sono solo preoccupati di commentare l'accaduto come un fatto increscioso con la speranza che ciò non accada più! Scusate, ma noi quelli dello stato non li paghiamo per parlare e basta!

Anch'io ho avuto, anzi ho ancora in atto, un'esperienza con Equitalia, era un debito più o meno di ottocento euro, poco in confronto ad altri, ma per me disoccupata erano tantissimi, ma la mia onestà mi spinse a fargli richiesta di rateizzazione, gli proposi cento euro al mese, con un pò di fatica avrei provato a procurarmeli, ma niente si sono rifiutati giustificandosi che la cifra era troppo bassa (per loro!) e non potevano rateizzarla. . Ma un'agenzia delegata dallo stato per recuperare i crediti, non dovrebbe semplicemente accettare?

Così dimostrano che anche se uno vuole pagare in qualsiasi modo possibile loro in realtà lo impediscono!

Mi lasciano pensare che forse, il loro vero scopo è quello di far salire gli interessi alle stelle in modo da impadronirsi un giorno degli immobili dei malcapitati debitori, immobili che probabilmente valgono molto di più, fanno arrivare apposta in ritardo le cartelle!

Mi è lecito pensarlo?

Menomale che non posseggo nulla, chissà a quanto sarà arrivato il mio di debito, forse sperano che diventi intestataria di qualcosa un giorno, per prenderselo loro però!

Ne ho sentiti tanti a cui hanno preso la casa per un debito di molto inferiore al suo valore...

Che vergogna! Oggi poi al telegiornale hanno anche detto, che l'Italia è in recessione, con il dato più allarmante mai visto fin'ora! Bravo nuovo governo! Quello che ci vuol far credere che facendo questi grandi sacrifici, nel 2013 0 2014, adesso non ricordo con esattezza, l'Italia risalirà!

A me viene da ridere nevroticamente per non piangere, perchè non è con la vita dei cittadini in difficoltà che si deve pagare il prezzo della risalita, una risalita che non è detto che ci sarà.

Comunque provo a farlo io questo appello, non uccidetevi! Piuttosto ribelliamoci tutti insieme, facciamoci forza, aiutiamoci a vicenda.

Pensate alle famiglie, ai vostri figli, che lascereste tragicamente addolorati, in grandi difficoltà, soli.

Trovate la forza nei vostri affetti e se non ne avete cercate aiuto, non rinunciate alla vita !

Non sono parole al vento, se tutti noi riuscissimo

a metterci d'accordo, mentre in molti restiamo disoccupati, potremmo trovare una struttura dello stato, (tanto sarebbe nostra, pagata con le tasse!) occuparla e riunirci lì per aiutarci tutti.

Per esempio, avvocati , fiscalisti, commercialisti, medici etc.etc. volontari insieme ad altri, falegnami .contadini e altre tipologie professionali, tutti insieme possiamo sicuramente fare qualcosa, ne sono convinta, **non dobbiamo lasciarci soli**!

Che lo "stato" provi a fermarci o a cacciarci! Non potrà farlo! Nel mio discorso sia ben chiaro, che niente incita alla violenza nè fisica nè verbale, l'unica forza metaforica deve essere la nostra determinazione a cambiare le cose in maniera concreta e intelligente! Con la grande civiltà che contraddistingue sempre..

Nuovi posti di lavoro

Nella lettera del 22 aprile ho provato a gettare le basi per degli ipotetici interventi, sulle cose che oggi non funzionano ma su cui bisognerebbe che intervenissero, certo io di politica ci capisco poco e niente, ma ci provo, forse anche i politici dovrebbero cambiare punto di vista, venire dal nostro lato e con occhi diversi immedesimarsi nelle nostre difficoltà e varare dei giusti interventi nei cambiamenti.
Loro invece ci stanno spellando vivi!
Continuano a guardare i loro interessi e non veramente quelli del paese, perchè se così fosse, avrebbero già fatto la prima e più semplice cosa giusta da fare per tappare subito il buco del nostro (del loro!) debito: togliersi mille euro a testa ad esempio!
Avrebbero sicuramente raccolto una considerata somma di denaro che avrebbe fatto da toppa immediata!
No! Figuriamoci il loro soldi (i nostri) non si toccano!
Né le loro astronomiche pensioni e vitalizi!

Ci mancherebbe! Perchè non li licenziamo? In fondo siamo noi cittadini, i loro datori di lavoro!

Perchè, se non eseguono bene il loro compito devono comunque restare al proprio posto, e noi poveracci come sgarriamo di una virgola veniamo facilmente licenziati?

Perché, se loro occupano una poltrona anche solo per una settimana, hanno diritto ad una buona uscita e un vitalizio assicurato, mentre se noi, dopo una settimana restiamo senza lavoro, non abbiamo diritto a un bel niente?

Comunque, nel frattempo, continuerò ad immaginare nuove figure professionali, visto che dicono che a fare le stesse cose siamo già in tanti e i posti sono pochi, anche se non è vero, guardiamo gli ospedali ad esempio, manca il personale, ma di infermieri a spasso ce ne sono molti, anche nelle scuole, negli archivi dei tribunali ci sono delle carenze e sono solo alcuni esempi, diciamo che sono invece le istituzioni che non vogliono assumere!

Qui torniamo alle pensioni con i contributi da pagare, se gli attuali dipendenti in generale, non fossero costretti a lavorare fino alla tardissima età con il bastone in mano e senza più denti ironicamente parlando, forse si potrebbe attuare il famoso riciclaggio del personale!

Ma loro la pensione che toccherebbe a noi

48

preferiscono ritardarla il più possibile!

Bene, proseguiamo, ad inventare nuove professioni, si parla molto del riciclo dei rifiuti, la differenziata, in quanti possiamo dire di avere la testa e la pazienza di farla, in tutta questa situazione che ci affligge?

E' chiaro che se non sappiamo come arrivare a fine mese, possiamo pensare a suddividere ogni mattina la nostra spazzatura?

Voglio lodare chi ci riesce e nonostante tutto sono tra questi, vorrei anche ricordare a tutte quelle persone disperate come me, che invece sarebbe importante riuscire a fare la raccolta differenziata per il nostro futuro, sia a livello di salute, per l'ambiente, sia a livello di produzione di nuove bio energie.

In televisione, per chi ce l'ha, o attraverso i giornali, anche quelli gratuiti che danno alle stazioni della metro, ma anche per un passaparola ne avremo sentito parlare tutti, che attraverso di essa ci sono aziende in grado di lavorare in modo particolare i nostri rifiuti selezionati e di produrre tantissime cose.

Addirittura, se non ho capito male, possono produrre una nuova forma di energia e anche nuovi carburanti per le automobili o macchinari di altro tipo, oltre a produrre oggetti utili per poter rilanciare l'economia, facendo anche risparmiare

49

le aziende abbattendo i costi delle materie prime!

Non sarebbe fantastico rendere la nostra Italia autonoma, potersi distaccare finalmente dai paesi che ci riforniscono a caro prezzo?

Sì, sarebbe bello ed importante per noi, ma purtroppo non tutti "riusciamo", diciamo così, a farla.

Creiamo allora chi ci può aiutare a farla, qualcuno che viene a suddividerla a casa per noi e anche a ritirarla?

Oppure qualcuno che ci aspetta ai secchioni e provvede lui stesso?

Controllando così che anche il servizio dell'AMA funzioni a dovere!

Potrebbe essere un'idea, magari lavorandoci sopra si potrebbe tirar fuori una vera, nuova, figura professionale in questo

senso, i " **Guardiani della differenziata**"!

E noi potremmo sforzarci un pò di più.

Se riuscissimo a essere noi cittadini semplici a proporre e fare le leggi del nostro stato, con le modalità delle votazioni mensili, che ho descritto in una lettera precedente, una raddrizzata a tutto quanto la daremmo sul serio.

Il meccanismo è semplice, la giornata dedicata alla raccolta delle proposte dove si raccoglieranno tutte le nostre idee di legge, la giornata per lo smistamento, e quelle che risulteranno in

50

maggioranza le più similari saranno quelle che andranno alla votazione e via via a scaglionarle e votarle un pò tutte, certo escluse quelle che sono prive di civiltà o utilità nell'interesse dei cittadini, o di fondamenti logici.

Devono essere proposte di legge valide.

Un esempio: cinque leggi ciascuno ogni mese, n.1 _ Vorrei che la legge sullo stupro fosse modificata, propongo che gli anni di detenzione, senza sconti, nè attenuanti, nè buona condotta che accorci nel tempo la pena da scontare(perchè su un reato di questo tipo non ce ne devono essere) sia di minimo trent'anni!

Scommettiamo che gli stupri diminuiscono? Ma comunque saremo certi che chi compie un atto così terribile paghi con la giusta detenzione!

Trent'anni quando si tratta di una vittima adulta, l'ergastolo se la vittima è un minore!

I pedofili ritengo che farebbero molta più attenzione!

Certo tutti noi, spereremmo che fatti del genere, a prescindere dalla condanna prevista, non accadano affatto, ma purtroppo siamo testimoni che ancora si compiono.

In caso di omicidio, n.2 _ Propongo la condanna all'ergastolo, anche qui, senza sconti, nè attenuanti, nè buona condotta, tranne nei casi di provata legittima difesa, nei casi in cui fosse stata la propria incolumità ad essere minacciata di morte e in caso di incidente.

Mi sembrano delle richieste di condanna legittime, visto che ci ritroviamo quotidianamente a far fronte a omicidi e stupri come fossero un hobby, proprio perchè chi li commette sa che di galera se ne farà molto poca!

Sembra che le nostre attuali leggi siano per loro un incentivo a commetterli, un invito quasi!

Ah! Già è vero, la preoccupazione di alcuni nostri parlamentari, per cui innalzano parecchie manifestazioni, è la presenza di detenuti in esubero nei carceri!

Mentre per le vittime, ho visto in tv, che le manifestazioni per "non dimenticare" vengono fatte dai parenti, che desiderano essere ricevuti dalle nostre istituzioni, da cui però mi risulta che difficilmente ricevono un invito a parlare del problema!

Non dimenticherò mai quella mamma, che venne invitata ad una trasmissione televisiva proprio per lamentare che l'assassino di sua figlia godeva di un particolare trattamento e cioè, gli era concesso di uscire dal carcere per andare a lavorare regolarmente stipendiato (novecento euro al mese) per poi rientrare tranquillamente in serata, e che da lì a poco, per buona condotta gli avrebbero ridotto la pena.

Ha espresso per questo, tutte le sue lacrime, il suo sdegno, la sua disperazione, affermando che più volte aveva scritto al presidente della Repubblica per essere ricevuta ma da cui non
ha ricevuto nessuna risposta.
E' una cosa veramente allucinante, allora è vera l'affermazione di un comico, non è pura ironia, "in galera ci vanno gli innocenti, per entrarci e restarci da colpevoli, ci vogliono le conoscenze, la raccomandazione"!
In effetti se ci pensiamo, i detenuti sono molto più tutelati dei semplici cittadini onesti, che nonostante le difficoltà economiche mantengono la retta via.
Addirittura chi commette reato, sarà incredibile ma vero, assume dei diritti che prima neanche aveva.
Lavorano stipendiati, studiano gratuitamente, hanno più permessi loro che un lavoratore onesto!
Questo programma di riabilitazione posso arrivare a capirlo se si dedica a coloro che hanno commesso un reato minore rispetto ad un omicidio, non so, un piccolo furto, qualcosa di poco conto, dove soprattutto, non si è fatto male fisicamente a nessuno, ma ripeto, esclusa la legittima difesa o l'incidente, quando si uccide intenzionalmente qualcuno, non si può tornare in dietro.

Si può aiutare a far capire l'assassino di aver sbagliato, perchè molti neanche lo capiscono purtroppo, possono pentirsi, ma comunque dovranno dire addio per sempre alla propria libertà, sia per preservare l'incolumità di altre possibili vittime (c'è chi è stato fatto uscire e ha ucciso ancora) e sia perchè non sarebbe giusto nei confronti di chi è morto, a cui la vita, non verrà mai più restituita.

E' tutto così assurdo, una situazione che purtroppo però è reale, mi sembra che il governo abbia interesse a fare andare l'Italia al contrario della direzione che invece dovrebbe intraprendere!

Anche in questo caso la soluzione sarebbe semplice, non serve essere laureati in legge o in chissà quale altro ramo (anche se sta venendo a galla che molti dei nostri politici in realtà la laurea se la sono comprata!), basta fare una semplice equazione : condanne pesanti e assicurate, meno reati, meno vittime, meno detenuti!

Mi sembra banalmente ovvio!

E' così difficile mettere in atto una soluzione del genere?

Invece che stare a sbadigliare, quando vanno alla camera, a far finta di proporre qualcosa, oppure a fare i disegnini su un foglio per passare il tempo, o al telefonino o a chiacchierare fra loro mentre un collega onesto, (uno dei pochi, perché non escludo a priori che ce ne siano) sta magari facendo il suo discorso..facessero il loro lavoro! Cambiassero questo sistema sbagliato!

Per non parlare poi delle presenze alla camera, anche lì abbiamo svariati casi di assenteisti!

Dire, che vergogna, a coloro che sanno di essere fra questi è quasi minimizzare questo comportamento gravoso! Se potessi esprimerei un concetto più forte, ma lascio ad ognuno di noi la possibilità di immaginarlo.

Ringrazio ancora i nostri "eroi" giornalisti che ci fanno arrivare le riprese scandalo di tutto ciò che avviene realmente alla camera, dove alcuni politici vanno dopo il caffè a far finta di lavorare!

Un'altra considerazione, come mai fra i nostri parlamentari ci ritroviamo spesso : attrici porno, stilisti di moda, comici, scrittori, imprenditori?

Il problema non sta in quello che facevano prima ma bensì in quello che continuano a fare, perchè mi risulta che siano ancora in attività, e non concepisco che si faccia il parlamentare come secondo lavoro visto l'importanza del ruolo!

O si fa un lavoro o se nè fa un altro, basta che se ne faccia uno fatto bene!

Secondo me si dovrebbe vietare ai parlamentari di fare un secondo lavoro, dà che mondo e mondo, non ci si può applicare con la giusta intensità ed attenzione a un compito così gravoso sotto il piano delle responsabilità, se si è distratti da altre attività.

Non lo trovo giusto, vedendo i risultati poi... la considerazione mi sembra più che lecita.

Quindi, che facessero una libera scelta, altrimenti proporremmo una nuova norma anche per questo.

Anche i parlamentari dovrebbero essere iscritti al collocamento come disoccupati per essere assunti!

Eh! Che pazienza che ci vuole, ma molti italiani ormai l'hanno giustamente persa!

Allora uniamoci, agiamo, non so, potremmo scegliere di rifiutare tutti quanti di lavorare in nero o con contratti insoddisfacenti, se tutti restassimo a casa finchè non ci danno quello che ci spetta! Ma tutti dovremmo farlo, senza paura, perchè fermatevi solo un secondo a riflettere, se fossimo veramente tutti uniti in questa azione, pensate a quegli uffici, aziende, negozi che di botto si ritroverebbero senza personale e che nessuno accettasse più quello che impunemente offrono attualmente, si fermerebbe tutto, non credete?

Lo so, mi rendo conto che sarebbe un'ulteriore azzardo nei

confronti della nostra economia, ma credo che peggio di così non potrà essere e credo anche che scenderebbero tutti a patti molto rapidamente.

Solo che purtroppo molti di noi vengono frenati dalla paura di essere soli, ma di fronte all'unione di tutti noi cittadini svantaggiati penso che anche quelli più riluttanti troverebbero il coraggio di farlo.

E' questo che ci manca l'**unione**!

D'altronde chi ha già un lavoro non è giusto che pensi solo a se stesso, è su questo che fanno perno i potenti, invece dobbiamo unirci tutti e pensare a chi è in difficoltà.

Altrimenti come facciamo a definirci una nazione civile?

Torniamo a rivalutare una figura professionale già esistente in passato ma che ormai da anni è stata debellata, non so perchè, forse perchè l'azienda voleva risparmiare?

Sto parlando del famoso " bigliettaio", cioè colui che quando salivamo sui tram, sugli autobus, ci faceva fare il biglietto e quindi nessuno poteva sfuggirgli, toglierlo da parte dell'azienda secondo me è stata una mossa controproducente!

Immaginate in quanti non fanno i biglietti? E quanti soldi non entrano all'azienda!

Perchè non rivalutare questa figura professionale? Perchè non la reinseriscono? In modo di dare così altre occupazioni, nuovo lavoro e assicurarsi loro un'entrata legittima e sicura?

Per non parlare poi dei mezzi pubblici che sono pochi, ne potrebbero inserire di più, assumendo anche nuovi autisti!

Io penso che incrementare i servizi, incrementi anche i guadagni, è un ragionamento logico, premetto che neanche di management aziendale me ne intendo, ma al loro posto farei così!

Io ho l'impressione che invece di risolvere i problemi, nel nostro paese tendiamo di più a crearceli!

20/05/2012   Lettera n.6

La casa

Oltre al lavoro, un'altro diritto a cui tutti dovremmo avere accesso è la casa.
In una nazione che si dichiara civile, a nessuno dovrebbe essere negato tale diritto, nessuno e sottolineo nessuno, dovrebbe vivere in mezzo alla strada.
Qui, entra in azione il mio dilettantistico senso manageriale, lasciamo perdere il sistema di richiesta per le "case popolari" che anch'io ho vissuto e che veramente solo a provarci ti deprimi ancora di più perchè sai che tanto è inutile, c'è chi, mentre ancora aspetta di vedersene attribuire una nel frattempo è diventato anziano sui marciapiedi!
Se poi vuoi continuare a tentare, devi aspettare che riesce un altro bando, ed è un pezzo che non ne esce un altro!
Anche qui secondo me servono le raccomandazioni!
Comunque io mi domando e dico, ma davanti a

un'emergenza del genere, **il bisogno di una casa**, come fanno le nostre istituzioni a restare inermi e a complicare ancora di più le cose con la nostra famosa lentissima burocrazia?

Quando sanno e ne siamo a conoscenza anche "noi" di quante strutture abbandonate ci siano sparse per tutta l'Italia, dove sono stati spesi milioni e milioni di euro di soldi pubblici per innalzarle!

Magari inizialmente destinate a possibili " auditorium, palestre, teatri, servizi sanitari" e via dicendo... mai resi attivi! Lasciati lì a marcire.

Io lo trovo inconcepibile...

Gli dessero una rispolverata e una destinazione diversa, li trasformassero subito in case da attribuire a chi ne ha bisogno! E che non venissero a dire che gli servono altri soldi, oppure una firmetta su qualche autorizzazione o documento che faticano a trovare o preparare!

VERGOGNA!

Io me la prendo anche con "noi" però, facciamo poco e niente per ribellarci, usiamo ciò che il progresso ci ha regalato, usiamo i mezzi di comunicazione che abbiamo a disposizione e accordiamoci tutti insieme per scendere in piazza, tutti i giorni però, per richiedere, sempre civilmente, ciò che ci spetta e di cui abbiamo bisogno!

Tutti i giorni però, no una volta ogni tanto, fermiamo questo sistema che và a rotoli!

Non parlo di rivoluzione, ma di un atteggiamento civile determinato a voler vedere rispettati i nostri diritti!

Le nostre istituzioni, invece, mentre famiglie intere si ritrovano a vivere in un'automobile, (quando ce l' hanno) oppure chissà dove, e si vedono portar via dai servizi sociali i propri figli minori, proprio per la loro situazione, quindi anche privati degli affetti più cari oltre che della propria dignità, preferiscono occuparsi di come alcune opere d'arte debbano essere restaurate per preservare il patrimonio artistico del nostro paese.

Diciamoci la verità, anche qui c'è un interesse economico da parte loro, i nostri monumenti devono essere difesi e protetti nel tempo, perchè è vero che rappresentano una ricchezza inestimabile della nostra storia, ma sono anche un richiamo turistico notevole!

Bene, anch'io amo l'arte, ma di sicuro, sulla lista delle cose da fare, non gli do la priorità, la vita umana è al primo posto, il resto viene sempre dopo!

Cari politici, io non credo che ai turisti che ci visitano, faccia piacere vedere, magari dietro l'angolo di un famoso monumento o semplicemente lungo i nostri marciapiedi, i cartoni per terra che fanno da letto e su cui giace un povero senza tetto!

Non farà piacere vedere un via vai nei bagni dei bar, dove alcune famiglie sono costrette a lavarsi perchè vivono in quattro dentro una macchina!

Comunque non è certo per far piacere ai turisti che devono cambiare le cose e risolvere questa situazione!

Le mie considerazioni sono solo un flebile tentativo di far capire che prima, si deve preservare il diritto ad una vita umana serena e dignitosa, con un tetto sopra la testa, l'arte può aspettare.

Ciò che non è urgente può aspettare e niente è più importante di una casa dove poter vivere.

Non continuassero a sprecare i nostri soldi in cose futili!

21/05/2012   Lettera n.7

Visite mediche

Ah, un'altro problema scottante, la prevenzione, mi raccomando, è importante!
E' vero, verissimo, diagnosticare in tempo una malattia può essere fondamentale per guarire.
Mi sorge però spontanea una domanda, ma a questa prevenzione chi ne ha diritto?
Perchè, chi i mezzi economici non ce li ha e si vede costretto ad affidarsi solo al servizio sanitario pubblico, l'attesa è parecchio lunga!
Mentre chi può, per abbreviare i tempi si rivolge ai privati, chi non può, la velocità diagnostica se la scorda, deve solo sperare che fino al momento in cui gli hanno dato l'appuntamento per un esame non abbia nulla di grave o che comunque il suo male non sia peggiorato!
Ma come si fa a prenotare a marzo, ad esempio, per sentirsi dare un appuntamento per l'anno dopo?
Come può essere possibile e accettabile una cosa del genere?
E non dicessero: _ Bè, signora, quando si tratta di

salute, uno i soldi li trova per farsi vedere subito!_
Credetemi, non c'è frase in questo contesto, che possa offendere di più la dignità di una persona in difficoltà.

E' un'esperienza che ho subìto e al suono di queste parole mi sono sentita piccola e persa, perchè io davvero, non avevo i soldi e non sapevo a chi chiederli.

E' una triste condizione in cui purtroppo però ci si può trovare, ma chi non conosce la drammatica realtà di non avere mezzi economici, probabilmente non riesce a capire, né a essere sensibile.

E' deprimente, in questo momento sto piangendo, perchè certe cose fanno veramente male.

Male all'animo.

L'unica idea che mi viene ora, è che si potrebbe suddividere il servizio sanitario pubblico in due, cioè, uno, dedicato a chi può e a chi deve pagare il ticket in base al suo reddito, l'altro dedicato agli esenti che non possono e che non devono pagare perchè privi di reddito o comunque troppo basso.

Ma non intendo due sportelli, ma proprio due strutture diverse.

Così anche solo per prenotare, le lunghe file d'attesa si accorcerebbero parecchio.

E poi, ovviamente, aumentare le strutture

ospedaliere e il personale sanitario, in modo di

poter eseguire così, molti più esami e in tempi più brevi.

E' talmente ovvio che però non lo fanno.

Anche questo rappresenta un'altro aspetto gravissimo del nostro paese.

Che continuino però, a parlare di prevenzione, così ci ricordano di quanto sia importante e di come per molti purtroppo sarà difficile metterla in atto.

Grazie.

I nostri sogni

Questa situazione in cui ci troviamo, almeno per quanto mi riguarda, lascia poco spazio ai miei sogni, alle mie speranze.

Alcune volte, sento dentro di me, che vorrebbero riaffiorare, ma io li rispingo in giù, tanto dove vuoi che vadano, mi dico, non posso farli riemergere, non c'è più cielo dove possano spiccare il volo.

E' strano come ingenuamente posso aver suggerito soluzioni per il nostro paese e che allo stesso tempo possa essere convinta che in realtà il rimedio non c'è.

Ho perso fiducia, ho perso le ali.

Ognuno è fermo a sè stesso, ma in realtà non ci rendiamo conto di quanto invece dovremmo essere legati l'uno agli altri.

Che senso avrebbe altrimenti la vita, se non quello del significato di comunità, un senso che abbiamo perso lungo la nostra strada e per chi cerca di recuperarlo si trova davanti soltanto un muro di indifferenza, una porta sbarrata.

Nessuno, si fida più di nessuno in realtà, l'egoismo ha colmato i nostri cuori per paura, una

66

paura comprensibile di fronte a un futuro così

incerto.

Io ho perso il senso di questa vita, e non mi biasimo neanche per questo.

Sopravvivo, è questo quello che faccio.

Ogni nuovo giorno per me rappresenta soltanto un nuovo scorrere di ore a respirare, semplicemente, e a riuscire a trovare la forza di affrontare ciò che è rimasto da affrontare.

Non spero più di trovare un amore, non spero più di formarmi una famiglia, non spero più di trovare un lavoro, non spero.

E non vedo soluzione.

Io non so cosa sia la felicità, ma non spero più di scoprire neanche questo.

Quando ti senti di aver provato in tutti i modi, di esserti impegnata al massimo, di aver fatto estremi sacrifici,di non essere mai stati sfiorati da un pizzico di fortuna perchè, sembra che anche quella servi nella vita, quando nonostante tutto ciò di cui si è stati privati per destino o colpe altrui, e non si è arrivati a niente, ecco quando ti senti così, risalire dal buio in cui si è sprofondati non è semplice.

Sono molto stanca, se le energie e il proprio spirito si spengono, è un bel problema, ne sono cosciente.

A volte sarebbe meglio essere incoscienti, anche

renderi conto del proprio malessere non serve a

molto.

Chiedere aiuto, come, a chi?

E chi, potrebbe essere in grado di aiutarmi?

A volte mi viene voglia di scappare lontano, addirittura in un'altra nazione, il più lontano possibile, ma so che dovunque andrei, i problemi verrebbero inevitabilmente con me.

Forse è me stessa che dovrei cancellare, per non sentire il dolore delle mie sofferenze.

Quando il mal di vivere si instaura dentro di te fino alle radici, per riuscire a sradicarlo ci vorrebbe una magia.

Oggi deve essere la mia giornata di sconforto totale, mi sento stanca e sola.

26/05/2012   Lettera n.9

Giustizia?

Questa sarà la mia lettera più breve, perchè ciò che è accaduto, lascia sgomenti e poco spazio alle parole.

Perchè la gente è stanca di sentir parlare e basta.

Ho sentito al telegiornale che un padre ha ucciso a coltellate l'uomo che ha tentato di violentare la figlia sedicenne.

La notizia è stata trasmessa in maniera fugace, questo probabilmente per non fomentare troppo gli animi delle persone e per non divulgare l'idea di potersi fare giustizia da soli.

Condivido questa preoccupazione, ed è per questo che non dobbiamo sottovalutare questo gesto, perchè indica chiaramente che molte persone, hanno smesso di credere in questa **giustizia**.

Sono amareggiati di sentire vittime che si ritrovano ad incontrare i loro carnefici liberi a spasso per la città, come se niente fosse accaduto.

E allora basta, rinforzate queste benedette leggi e condanne, abolite le attenuanti, la buona condotta, gli sconti di pena, i permessi di libera

69

uscita!

Per chi ha fatto del male al prossimo, omicidi, aggressioni, persecuzioni, non merita trattamenti di favore!

Voglio vedere adesso se a questo padre daranno le attenuanti, forse lui le meriterebbe, ma qualcosa mi dice che invece non gli saranno concesse: perché qui in Italia la legge va al contrario!

Questo papà è già in galera, fosse stato lo stupratore sicuramente sarebbe ancora in libertà!

Basta, vogliamo giustizia!

Apparenza?

Si è mosso qualcosa, sembra, hanno dimezzato i finanziamenti ai partiti, ma sappiamo tutti che non basta, e di quanti politici abbiano storto la bocca di fronte a questo taglio!
Si è verificato un terremoto devastante in Emilia Romagna, ha messo in ginocchio molte persone e distrutto parecchie strutture, case, monumenti, ma la cosa più terribile, che oltre agli abitanti rimasti senza nulla e accampata nei tendoni o nelle macchine terrorizzati e disperati, ha lasciato dietro di sè anche delle vittime, uomini morti nelle aziende mentre stavano lavorando e che sono stati colti di sorpresa, senza via di scampo.
Anche qui sembra che lo "stato" si sia mosso.
Hanno proposto e credo attivato di ritardare il pagamento dell'imu ed esentare dalle tasse tutte le vittime di questo terremoto.
Sono commossa! Che pensiero carino!
Ma un bel contributo economico immediato per rimetterli in piedi no?
Una ritoccatina agli stipendiucci dei nostri politici

71

e aiutarli subito no?

Per carità!

Ho veramente l'impressione, che alcuni di questi interventi dello "stato", siano solo una piccola toppa per far vedere a noi cittadini che comunque qualcosa cercano di farla, ma sempre senza smuovere troppo i loro privilegi, un contentino insomma, come si fa con i "fessi".

Intanto le scosse continuano, e le persone sono sempre più avvilite e spaventate, anche perchè si rendono conto che la ripresa sarà lunga, visto i precedenti, sappiamo tutti benissimo di quanti sfollati, vittime della stessa tragedia a distanza di molti anni, si ritrovano in altre parti d'Italia a vivere ancora negli accampamenti o comunque senza essersi ripresi del tutto.

Devo riscrivere "che vergogna"? No, non c'è più bisogno, è palese.

Mi sorge spontanea anche un'altra considerazione, anzi una domanda, ma quando in Italia si verificano purtroppo tali tragedie, gli aiuti dall'estero, ma ci arrivano?

Oppure la grande generosità che gli italiani hanno dimostrato più volte all'estero è solo una nostra caratteristica?

Scusate ma in televisione ho visto apparire richieste di aiuti economici solo a noi concittadini, non hanno dato notizia alcuna di aiuti esteri.

Mi è forse sfuggito? Non credo proprio ma mi

piacerebbe essere smentita.

Politici smettetela di non fare nulla e datevi una mossa!

Un grazie senza fine a tutte le forze dell'ordine e ai volontari che intervengono sempre per aiutare queste persone, vittime di terremoti ed altre tragedie.

Fermiamoci

Dobbiamo fermare l' Italia, non il tempo!
Certo tutti quelli che stanno meglio non saranno favorevoli, ma i disperati come tanti di noi sì!
E chi non ha problemi, non deve continuare a pensare solo a se stesso, deve unirsi a noi!
Vi ricordate di quelle persone che per gioco si erano divertiti a immobilizzarsi come dei manichini per alcuni minuti, nelle stazioni o nelle varie piazze delle città?
Lasciando increduli, gli altri non coinvolti, che li guardavano ironicamente sorpresi e sbigottiti tanto da pensare che stessero girando uno spot pubblicitario o la scena di un film?
Li hanno fatti vedere su tutti i telegiornali!
Era invece una libera e privata iniziativa di alcuni cittadini, una forma di protesta contro la nostra società frenetica, i ritmi sono troppo veloci e portano allo stress.
Un modo bizzarro ma efficace, di rendere l'idea.
Bè io avrei piacere che tutti noi cittadini svantaggiati e non, facessimo quasi lo stesso!
Perchè è il nostro "stato" che vorrei lasciare sbigottito!

Ma non intendo fare i manichini, ma bensì

smettere di accettare le cose sbagliate, non abbiamo un contratto di lavoro regolare?

Non presentiamoci più al lavoro finché non ce lo fanno!

Non abbiamo una casa? Muniamoci di cartoni o di automobili per chi ne possiede una, e andiamo a dormire tutti davanti al parlamento, al senato, alla camera, ai ministeri e via dicendo, parcheggiamoci tutti lì!

Provino a cacciarci! Che ci multino pure!

Non arriviamo a fine mese? Abbandoniamo l'orgoglio e andiamo a mangiare tutti i giorni alla Caritas!

Scommettiamo che i pasti non bastano?

Allora chiederemo il cibo tutti i giorni davanti alle istituzioni, ma insieme!

Questo sarà la nostra forza! **L'UNIONE**!

Non accettiamo che i biglietti siano aumentati? Non compriamoli più e non prendiamo più gli autobus o qualsiasi altro mezzo pubblico!

Andiamo a piedi, farà bene anche al nostro fisico!

Fermiamoci, immobili anche tutti noi , di fronte a tutto ciò che non funziona, a tutto ciò che è sbagliato, non continuiamo ad accettare tutto così passivamente!

Tanto, quanto credete che possano resistere tutti quei datori di lavoro non in regola, senza più

nessuno che accetti le loro condizioni e che quindi

si ritrova senza personale?

Quanto pensate che possano durare le aziende dei trasporti pubblici senza che nessuno li usi e che quindi nessuno compri i biglietti, un pò come accadde in America ai tempi della discriminazione razziale quando per protesta gli autobus rimasero fermi per 381 giorni.

E per l'economia stessa, immaginate quali conseguenze, che scossone rappresenterebbe?

Quanto tempo credete che le istituzioni lascerebbero passare di fronte a una presa di posizione così determinata da parte nostra, senza che si ravvedano ?

Combattiamo anche noi per i nostri diritti, ma non con la lotta o con la violenza, ma bensì come loro, con le manovre strategiche giuste!

Ciò non deve farci paura, tanto, peggio di così non si può, ma anzi ci deve far credere in una nuova forza morale, la nostra!

E quelli che ho citato sopra sono solo alcuni esempi di ciò che potremmo fare, se solo ci accordassimo e ci unissimo tutti insieme!

Non so perchè, ma credo che qualche risultato potremmo anche ottenerlo, voi cosa ne pensate?

La paura lasciamocela alle spalle, chi è nel giusto non deve spaventarsi, d'altronde perchè il governo ha il diritto e il dovere di attuare le sue

76

manovre per il paese e invece il popolo che lo

abita no?
Perché ce lo fanno sembrare, ma in realtà non ci fanno decidere nulla.
E' tutto fumo negli occhi quello che ci gettano.
Riflettiamo.

26/05/2012   Lettera n. 12

L'egoismo

Già, l'egoismo, fa un pò parte di ogni essere umano, proprio perchè siamo "umani", ma possiamo controllarlo e migliorarci se vogliamo.
Per questo tutti dovremmo farci un bell' esame di coscienza e capire dove si sbaglia," scagli la prima pietra chi è senza peccato"!
L'egoismo è anch'esso un sentimento, che spesso introduciamo un pò dappertutto, proprio anche perchè la società stessa ci costringe a farlo.
Nel rapporto con gli altri, nel lavoro, nella famiglia... sempre e comunque dove i nostri interessi sono tirati in ballo.
Lì scatta questo istinto, per difesa, per timore di vederci estromessi, probabilmente da qualcosa che sentiamo ci debba appartenere.
Prendiamo ad esempio il rapporto di coppia, a me oggi giorno sembra quasi l'accordo di una società, almeno finchè dura.
Sembra che quando due persone dicasi innamorate prima di vagliare veramente il sentimento che li lega , mirano a contemplare quanto possa essere utile tale unione.
Sarò cinica ma penso di avere validi motivi per

78

esserlo.

Gli esempi che ci sono in giro non sono molto lusinghieri, nè tanto meno romantici.

Le separazioni e i divorzi, aumentano a dismisura e quelli che invece non demordono ancora è solo perchè non gli conviene, visto gli alimenti e i beni da doversi suddividere!

Quindi preferiscono condurre un matrimonio solo in apparenza, ognuno si fa i rispettivi amanti, e vanno avanti così.

Che meraviglia l'amore e il matrimonio!

E' ovvio che da tali considerazioni escludo le eccezioni, quelli che si amano veramente, ma sono pochissimi, si contano sulle dita delle mani!

Sì, le discussioni, ci possono essere, piccole incomprensioni che si dissolvono velocemente se si tratta di vero amore.

Una volta lessi una frase breve ma intensa di significato: ...l'amore che potè finire, non fù vero amore... .

Trovo che corrispondi al vero.

Chi dice che si può smettere di amarsi in realtà non ricorda più cos'è l'amore.

Forse i rapporti che finiscono erano soltanto un'illusione o solo passione, e questa sì che può finire.

L'amore è molto di più, è che quando ci si incontra si capisce subito di appartenersi, di non

poter stare l'uno senza l'altra, è quando si è

pronti a sacrificare la propria vita per la persona che ami e di cui sentiresti irrimediabilmente la mancanza una volta persa.

E' quando ami l'altro più di te stesso.

Amarsi significa dedicarsi a vicenda, impostare la propria vita come un percorso unico da affrontare insieme, significa dimenticarsi di essere "egoisti", significa saper trasformare i difetti dell'altro in pregi.

Stare bene, sorridersi, rendersi felici.

La realtà è che purtroppo sono in pochi quelli in grado di dire: "io ho incontrato l'AMORE.

Dire "ho incontrato l'uomo o la donna da sposare" ha un significato diverso.

Sembra più un contratto da cui poter recedere quando lo si crede opportuno.

Preferisco conservare il mio "romanticismo" nei miei sogni, o nei film.

Grazie a quegli autori, registi, di meravigliosi film, che attraverso delle belle storie, ricordano a quelli "affetti di amnesia" cos'è veramente l'amore!

Sarebbe più bello viverlo, lo so, ma se non si ha la fortuna d'incontrarlo, non ci si può fare nulla, solo restare ad aspettare.

Forse proprio perchè è così meraviglioso, resta un privilegio consentito a pochi meritevoli.

80

29/05/2012 Lettera n. 13

L'evasione fiscale

L'evasione fiscale è principalmente un reato che compiamo verso noi stessi, so, che fondamentalmente, è un'azione che è entrata nella nostra quotidianità quasi prepotentemente come tutte le ingiustizie di questo mondo, nelle nostre abitudini come se fosse una cosa normale, proprio perché assediati dalle troppe e sproporzionate tasse che il governo ci impone, ma resta comunque assolutamente sbagliata e noi lo sappiamo.

Quindi non è così che risolveremo il problema.

Dobbiamo sempre arrivare all'origine di tutto e qui entrare in azione, più che evadere e quindi agire illegalmente, dobbiamo smettere di pagare in generale tutto ciò che è sbagliato nelle sue proporzioni!

Come? Facendo ricorsi su ricorsi, amano farci perdere del tempo? E noi , accontentiamoli!

Le nostre istituzioni amano la burocrazia molto lenta!

Diventiamo lenti anche noi ma sempre rigorosamente tutti insieme!

Dovremmo istituire il "quartier generale" del

popolo, un ufficio gigantesco dove volenterosi volontari raccoglieranno tutte le nostre lamentele per poi decidere di agire rendendole pubbliche e scendendo ogni giorno in piazza a farlo presente anche al nostro attuale governo!

Sì è questo quello che dobbiamo fare, non dobbiamo più far sentire "solo" nessuno di noi!

Tartassarli ogni giorno, ogni minuto, ogni singola ora, continuamente, finché non risolveranno concretamente il problema di ognuno di noi, qualunque sia.

Arriva la Gerit? L'Equitalia? Bene portiamo tutto al "quartier generale", imprenditori, singoli cittadini, nessuno si dovrà più trovare innocentemente a far fronte da solo a questi colossi assunti dallo stato per spolparci!

Ma soprattutto, nessuno dovrà sentirsi più, così disperato, a tal punto di voler mettere fine alla propria vita.

Non possiamo permettere più una cosa del genere.

Ribadisco: <u>si deve pagare il GIUSTO</u>, e non quello che ci attribuiscono "loro" con interessi astronomici, che spesso, si accumulano proprio perché fanno in modo che le cartelle arrivino all'utente sempre in ritardo, senza dare a volte neanche la possibilità di rateizzare, fissando

invece una scadenza con la minaccia di sequestro

sui pochi "averi" rimasti al malcapitato debitore.
E ciò mi fa pensare che abbiano più interesse nell'
impadronirsi di immobili che hanno spesso un
valore superiore, che non rientrare effettivamente
in   possesso   della   cifra   dovuta.
Mi sbaglio? Mmmm ......
A ognuno le proprie considerazioni.

No, al razzismo

Partendo dal presupposto che mia madre è nata in Spagna e che quindi ha acquisito la cittadinanza italiana sposando mio padre, non sono contraria al stabilirsi in un'altra nazione per vivere, cosa che tra l'altro sono costretti a fare molti di noi italiani visto che qui di possibilità professionali ne sono rimaste poche.

Quello a cui sono contraria invece, è che qualcuno sia costretto a farlo.

Dovrebbe essere una libera scelta quella di trasferirsi, e soprattutto dovrebbe essere fatto nella massima legalità, non nella clandestinità.

Essere onesti o disonesti dipende dalla coscienza di ognuno di noi e non dalla nazionalità a cui si appartiene.

Quando si emigra bisogna farlo con la reale intenzione di rispettare le leggi del paese in cui si decide di andare.

Qui in Italia, ma non solo sicuramente, riescono ad entrare persone in modo completamente clandestino, in molti non lavorano e delinquono

andando ad aumentare il livello di criminalità già

presente, e il tasso di disoccupazione già particolarmente elevato nel nostro paese.

Questo non è giusto, sia noi italiani che espatriamo e sia gli stranieri che entrano da noi, dobbiamo comportarci tutti in maniera onesta.

Qualunque siano le difficoltà, non saranno mai una giustificazione per delinquere.

Però, come ho notato la particolare meticolosità, nel controllare chi entra o chi esce e perché, da parte di altre nazioni, vorrei poter notare lo stesso anche nel nostro paese, ma purtroppo questo è un altro aspetto dove invece difettiamo parecchio.

Ci ritroviamo non so quanti clandestini, persone non in regola, senza permesso di soggiorno, sembriamo essere diventata la nazione dei "balocchi", dove tutto è illegalmente possibile, e se continuiamo così peggioreremo sempre di più.

A volte ho anche l'impressione che siamo più stranieri che italiani, non c'entriamo più!

Ma ripeto, non è la quantità che è messa in discussione, anche se non si può fare a meno di notarlo, ma la qualità.

In quanti sono irregolari?

Queste persone purtroppo, ce le troviamo spesso ai semafori per pulirci il vetro delle nostre macchine, e devo dire con fastidiosa ed ineducata

insistenza a volte, oppure sulle strade o sulle spiagge con bancarelle ambulanti abusive.

Avete mai pensato quali sarebbero le conseguenze se ci si mettesse un' italiano ai semafori per pulire i vetri delle automobili?
Sarebbe subito multato!
E se fossimo noi italiani a farlo in altre nazioni?
Non oso pensare cosa rischieremmo.
Questo ci fa capire molte cose, ma soprattutto come le nostre regole non siano rispettate e come il nostro paese risulti essere, evidentemente agli occhi di queste persone, particolarmente permissivo.
E quando si piazzano davanti ai nostri negozi? A discapito dell'andamento già critico delle nostre povere attività!
I vigili sembrano inesistenti in quei momenti, e la finanza dov'è?
Perché per noi cittadini sono sempre in agguato, e per loro invece, sembra che per non vedere siano colpiti da un'improvvisa acutissima congiuntivite, forse qualcuno dall'alto gli ha imposto questo atteggiamento?
C'è qualche particolare interesse in ballo?...
Ci vogliono regole ferree!
Perché il comune si è impegnato così tanto quando si è trattato di far sgombrare i "**nostri centurioni**" smobilitando non so quanti

squadroni della polizia municipale!
Sono queste le priorità delle nostre istituzioni?

Loro, i **centurioni**, che con i loro costumi, rappresentano simbolicamente la storia di Roma, che davanti al monumento più importante, erano diventati per i turisti una simpatica cornice del colosseo.

Piaceva fare le foto insieme a loro, era un piacevole ricordo in più della loro visita a Roma.

A chi in realtà davano fastidio?

Forse l'unico fastidio è che di quella attività allo stato non entrava economicamente nulla!

Bè invece di cacciarli perché non si sono organizzati per regolarizzarli, per farne una vera professione riconosciuta?

Si sono ripromessi di farlo, e quando? Mà, ho molti dubbi...

Che c'era di male in quello che facevano?

Possibile che quando gli italiani riescono a realizzare e a reinventarsi con la loro fantasia un nuovo lavoro, visto che manca, invece che essere aiutati vengono ributtati giù nel baratro della disoccupazione, dell'incertezza, cos'è, vogliono toglierci anche la nostra creatività, le nostre ultime speranze?

Forza **centurioni**, sono con voi!

Però mi farebbe piacere vedere, che a impersonare i nostri **centurioni** siano unicamente

i nostri **italiani**, scusate ma penso che in molti saranno d'accordo con me che resta una nostra prerogativa la "storia" che ci appartiene, stonerebbe e non avrebbe senso vedere ad esempio un cinese vestito da antico romano o quant'altro.

Al telegiornale purtroppo mi è capitato di vedere fra loro, anche dei polacchi, degli americani, bò?

E' come se io adesso partissi per l'Egitto per impersonare Cleopatra davanti alle loro piramidi a farmi fare le foto, con il mio spiccato accento romano, per di più!

Sarebbe ridicolo, e immaginate gli egiziani in quattro e quattr'otto dove mi spedirebbero?

Sì, va bene, il mestiere dell'attore implica, a prescindere dalla propria nazionalità, di riuscire ad impersonare qualsiasi personaggio anche storico, ma qui non si tratta di cinema o teatro, non si tratta tutti, di attori professionisti, ma solo di un'attrazione turistica locale, e la parola locale spiega tutto!

Credo che questo tipo di lavoro, cioè ciò che appartiene alla nostra storia, debba essere lasciato a noi italiani.

Va bene quindi, l'asilo politico, vanno bene le vittime di guerra, vanno bene tutti gli stranieri in difficoltà, ma devono

essere controllati e messi in regola.
Non devono entrare abusivamente né delinquere

e questo vale per tutti, compresi gli italiani!
Certo finchè si può aiutarli, perché un altro
problema sta proprio qui, è che di difficoltà
purtroppo ne abbiamo fin troppe anche noi!
Come facciamo a dargli lavoro se non ce
l'abbiamo neanche per noi?
Come facciamo a dargli una casa se ci sono
italiani che vivono in mezzo alla strada?
Dove possiamo trovare le risorse per loro, quando
le stesse, si sono esaurite anche per noi?
Perché le nostre istituzioni si mobilitano
velocemente ad ogni sbarco di questi clandestini
(almeno di quelli che riescono ad intercettare) ?
Perché riescono, per loro, a trovare subito una
dimora per sistemarli e i pasti per sfamarli?
E subito dopo, mi tocca invece assistere in
televisione a parecchie famiglie italiane che da
mesi denunciano le loro situazioni drammatiche
personali senza ricevere nessun aiuto?
Perché?
Devo forse pensare che, nel dare un "aiuto", ci sia
un certo interesse e in un altro no?
Aiutiamo tutti sì, aiutiamo tutte le persone <u>oneste</u>
in difficoltà, è giustissimo, ma vogliamo però,
dare qualche priorità ai nostri cittadini italiani?
Credo che abbiano il diritto, quanto meno, di

precedenza!
In altri posti non veniamo considerati certo per

primi!

Se non avessimo tutti i problemi che invece abbiamo, nessuno avrebbe da ridire su questo ma purtroppo come vediamo non sappiamo più come fronteggiare la situazione e quindi è ora che il governo si regoli a riguardo.

Non può e non deve aiutare solo una categoria, ma deve rivolgere fortemente le sue attenzioni anche a quelle famiglie italiane a rischio di povertà!

Vogliamo anche parlare degli investimenti sulle imprese?

Perché le imprese italiane sono spesso scartate mentre quelle straniere le avvaloriamo?

In una trasmissione hanno denunciato come molti alimenti siano contraffatti, ci sono organizzazioni estere che si permettono di far passare i loro prodotti per nostri o i nostri per i loro!

Perché non aiutano con la stessa calorosità i nostri produttori e la nostra agricoltura fondamentale per la nostra economia sia qui che all'estero?

No, a noi ci fanno chiudere!

Perché lo straniero che vuole aprire un'attività qui, ha svariate agevolazioni, mentre noi cittadini italiani prima di essere presi in considerazione

90

dobbiamo percorrere la via Crucis?

In alcune nazioni se noi vogliamo aprire

un'attività, ci obbligano addirittura ad associarsi con un'abitante del posto oppure, a doverne assumere uno o due, proprio per garantire occupazione ai loro cittadini, ed è giusto!

Perché qui non applichiamo le stesse regole? Io quando mi è capitato di entrare nei ristoranti cinesi, nelle pizzerie di gestione araba o in altri negozi stranieri (che aprono come funghi, sono tantissimi, e meno male che dicono di avere problemi!) non ho mai visto un lavorante italiano.

Perché vista l'ospitalità da parte del nostro paese, il nostro governo non li obbliga a portare lavoro anche a noi italiani?

Quante domande e poche risposte!

Chiudo questa lettera sottolineando l'importanza della solidarietà, ma è molto importante ampliarla a tutti però, <u>compresi noi italiani.</u>

Man mano che Stella scriveva le sue lettere si sentiva pervadere da una nuova speranza, era

come se la sua depressione in quei momenti si sciogliesse, anche se per poco, riusciva nuovamente a sognare ad occhi aperti, si era cucita addosso la figura di paladina della giustizia, stava cominciando ad immaginare che le sue idee potessero concretizzarsi sul serio, che gli italiani, riuscissero ad unirsi veramente per poter cambiare le cose e che lei ne fosse l'artefice.
Provava una bella sensazione di essere utile.

29/05/2012   Lettera n. 15

Il progresso

Credete davvero che il progresso ci abbia fatto del bene?

Forse in alcuni casi sicuramente, ma spesso ho la sensazione che ci abbia fatto disperdere il vero significato della vita, quei sani principi che fanno di un individuo una persona integra, senza lasciarsi sopraffare dalla superficialità.

Nella medicina probabilmente ha apportato delle grandi innovazioni e risolto molti problemi di salute, ma restano ancora parecchie lacune da debellare.

Forse la nostra Italia dovrebbe investire di più nella ricerca, ma attualmente anche questo non è al primo posto sulla lista delle sue priorità!

Nella tecnologia, che rappresenta un business sicuramente più allettante, abbiamo fatto passi da gigante, d'altronde si sa ci si dirige sempre dove si sente più profumo di soldi.

Ma, il vero interesse per cui si debba progredire e

93

cioè, aiutare il prossimo?

E' su questo che dobbiamo concentrarci tutti,

progredire per aiutare il prossimo, senza guardarne il profitto!

Siamo ossessionati dai telefoni, i computer, e altri aggeggi di cui io non sono un'accanita fan, io amo scrivere ancora a mano e detesto il telefono che ho limitato solo a particolari emergenze.

Insomma, potrei vivere benissimo in un'altra epoca del passato, per come la penso.

Si, capisco, che questi strumenti possano aver aiutato moltissimo, ma siamo sicuri che stiamo usando il "progresso" nel modo giusto o è il "progresso" che sta cominciando ad usare noi?

Io rimango un po' sconcertata quando per strada mi trovo di fronte ad un bambino si e no di cinque anni con uno di questi cosi in mano, uno smarth phone credo che si chiami, vi sembra così salutare per un bimbo che invece dovrebbe crescere acquisendo dal mondo esterno spunti per la sua fantasia e per la sua capacità logica?

Un computerino non rappresenta il mondo esterno, anche noi adulti avremmo bisogno di stare di più all'aria aperta, lontano dai quei raggi o onde dannosi, figuriamoci un bambino, che ha bisogno di sviluppare il suo ingegno in altri modi, giocando, disegnando, correndo, facendo sport.

E' facendo tutte queste cose che un bambino

riesce a svolgere una sana crescita evolutiva.

Non ci riuscirà come dovrebbe, se invece viene

accontentato con questi strumenti, abbandonato a se stesso ore e ore a giocare con quegli aggeggi, che spesso è un regalo che i genitori credono di fare, ma in realtà rischiano di procurare dei danni seri a loro figlio.

Pensate ai loro occhi, già una tv rischia di fargli male, figuriamoci un computer, e il loro sviluppo intellettivo?

Pensate che se lo crei lo stesso? Forse, ma non nella maniera corretta.

Osservate di più i vostri figli e non parcheggiateli davanti a questi aggeggi che voi pensate possano rappresentare per loro delle semplici distrazioni.

Non avete notato quanto questi bimbi siano più nervosi rispetto ad altri che invece non fanno uso di questi strumenti?

A sentire grandi luminari della medicina l'abuso del loro utilizzo può provocare sia nell'adulto, immaginiamo su un bambino, gravi conseguenze di salute.

Vi ricordate i vecchi giocattoli di una volta? Quelli si che erano giochi!

Dove manderemo a finire la fantasia dei nostri bambini se noi per primi non li aiutiamo a svilupparla?

I bambini di oggi non sono più quelli di ieri... oggi

pretendono altre cose, rischiano di diventare piccoli adulti prima del tempo, e neanche tanto sani.

I loro gusti sono diventati sofisticati come quelli di un adulto viziato, non si accontentano più, e quello che il progresso mostra loro ogni giorno li fa crescere prima del tempo ma in modo a mio avviso sbagliato.

Oggi, c'è il bullismo, oggi abbiamo ragazze minorenni che abortiscono come fosse una moda, oggi per potersi permettere tutte queste tecnologie sono disposti a fare cose che non dovrebbero fare, per un pantalone firmato o l'ultimo modello di cellulare venderebbero l'anima.

Fortuna che questo "progresso "non ha sommerso tutti i nostri giovani e questo grazie a genitori coscienziosi.

Ricordiamo tutti che ogni cosa deve essere usata con parsimonia e per una forte utilità.

Ricordiamo cosa significa natura, rispetto per il prossimo, l'onestà, la semplicità, la bontà, la responsabilità.......

Ricordiamolo noi adulti per primi e poi ai nostri giovani!

Le nostre forze dell'ordine

Un riconoscimento speciale deve andare alle nostre forze dell'ordine, io li ringrazio di cuore per tutto quello che fanno per noi.
Quotidianamente, affrontano ogni pericolo per garantire la nostra sicurezza, e per far rispettare le leggi attuali, anche se spesso anche loro restano delusi quando dopo aver fatto un'estrema fatica, mesi di indagini, raccolta di prove, scampato pericoli, per arrestare qualcuno ,se lo vedono liberare subito dopo, per cavilli assurdi da parte del loro avvocato o più semplicemente per qualche incredibile decisione da parte di un giudice sprovveduto!
Anche loro credo che spesso si sentano impotenti, e sono solo loro che meriterebbero uno stipendio adeguato per quello che fanno.
Sono gli unici organi del nostro stato che ancora funzionano e lo fanno per pochi spiccioli rispetto agli stipendi astronomici dei nostri politici.
Non è giusto!
Meritano di guadagnare molto di più per quello

97

che rischiano e le responsabilità enormi che si devono prendere!
Anche fra loro sicuramente si celeranno disonesti

e fannulloni, ma fortunatamente ho motivo di credere che quelli votati onestamente al proprio lavoro rappresentano una vasta maggioranza.

Lo dimostrano coloro che non si fanno corrompere da niente e da nessuno, continuando a svolgere con dedizione la loro missione anche per due soldi!

Grazie, e grazie anche a tutti i volontari che si prestano al servizio dei più bisognosi senza voler nulla in cambio.

E' doveroso da parte di noi cittadini ricordare quanto di meglio ed onesto è rimasto nella nostra Italia, ed è sicuramente rappresentato da loro, la polizia di stato, quei poliziotti addetti anche al servizio scorta, i nostri militari impegnati anche per la pace nel mondo, i carabinieri, tutti i nostri eserciti, i vigili del fuoco, i vigili urbani, i finanzieri, la protezione civile, i volontari, i pronti soccorsi, i medici, gli infermieri, chiedo scusa se non ho menzionato qualcuno per una dimenticanza del momento ma si ritenga ovviamente incluso, a tutti coloro che svolgono queste mansioni con onestà e grande devozione ad aiutare il prossimo, GRAZIE DI CUORE.

98

14/07/2012 Lettera n. 17

Si muove qualcosa?

Ogni tanto lo stato sembra fare qualche piccolo passo, ma vorrei sottolineare il "sembra", si sta firmando se ho capito bene ieri al telegiornale una proposta di legge che prevede un taglio di 5.000 euro agli stipendi dei politici, non ci credo neanche se li vedo!
Mi danno l'impressione di essere delle manovre strategiche al fine di placare qualcosa negli animi degli italiani che anche lo stato comincia a respirare, ha paura?
Farebbe bene ad averne, mi chiedo come mai nel passato si combattesse di più per dei sani principi, oggi invece sembriamo tutti rassegnati.
Che tristezza, ogni giorno passa e corre come il precedente senza che nulla cambi, ma siamo noi che dobbiamo cambiare, non parliamone soltanto cerchiamo di agire civilmente ma di agire!
Era un po' che non scrivevo ma anche i miei problemi continuano a scorrere e la depressione riaffiora e mi impedisce di fare molte cose!

99

14/07/2012   Lettera n. 18

Italiani? Oramai di italiano ne rimane poco!

Le nostre più grandi case di moda hanno venduto all'estero, gli Emirati Arabi si stanno comprando molte cose, la Francia, ma dove andremo a finire, Fendi, Valentino, la nostra manifattura italiana, la più pregiata in fatto di moda, ma perché?
Che disastro e che figura!
Resto senza parole!
Ormai con la scusa che siamo aperti al mondo, siamo europei, abbattiamo i confini, a me non sembra che gli altri nei nostri confronti li abbattano questi confini, ma lo stato non capisce in quanti dall'estero ci stiano criticando?
E noi che facciamo ascoltiamo passivi?
Che figura ....!
I nostri marinai in India ve li ricordate? Bè sono ancora lì, eppure dicono che eravamo in acque internazionali, certo che ci facciamo considerare eh?

Se fosse stato il contrario l'Italia glieli avrebbe già riconsegnati all'India!
Quando proviamo a dire noi qualcosa se qualche

straniero combina un guaio qui, come sono tempestivi gli altri stati a rivendicarsi su di noi e noi a cedere!

Mi sembra che di recente a Milano il sindaco o qualche altra istituzione, ora non ricordo, si sia lamentata dei metodi commerciali cinesi, la Cina ci ha messo due secondi ad intervenire e a farsi valere su di noi!

Ragazzi diamoci una regolata altrimenti ci considereranno zero molto presto!

Mettiamo dei paletti anche noi, dei punti fermi ma irremovibili però!

Un altro esempio più banale ma che rende anch'esso l'idea,

il concorso di Miss Italia, ma miss Italia non dovrebbe essere un'italiana doc di generazione in generazione?

Che c'entrano le straniere, ma che se fossi bella io andrei a fare miss Cina, miss Bulgaria, miss Russa, miss America, miss vattelapesca? Europa o non!

Scusate ma quante ragazze straniere vengono a cercare successo qui da noi?

Sanno che è più facile, il nostro stato è troppo permissivo in tutto, ribadisco che l'Italia investe

troppo sull'estero e poco sul nostro paese, è sbagliato!

Gli altri paesi non lo fanno, ci sarà un motivo, cioè

da noi si fiondano tutti, dal commercio a qualsiasi altra cosa infatti si stanno impadronendo di tutto e in un'altra lettera avevo già toccato questo argomento da un'altra angolazione, se vogliamo farlo noi, aprire un'attività o semplicemente lavorare presso x, ci creano un milione di problemi, per esempio alle Seychelles ,

ogni tre mesi per restare si devono pagare trecento euro, e si viene controllati, anche sul reddito, mentre da noi il permesso di soggiorno per chi è abbastanza onesto a richiederlo è una passeggiata e di sicuro non pagano niente.

E su quanti clandestini raccogliamo, aiutiamo, dandogli un tetto, del cibo, e si lamentano pure oltretutto, ne vogliamo parlare?

Qui trovano veramente l'America, anzi la pacchia!

E' colpa nostra però anzi è sempre del nostro stato!

Per quanto riguarda le donne straniere che cercano successo qui sanno perfettamente come sono fatti la maggior parte degli uomini italiani!

Comunque vengano pure, almeno che abbiano delle qualità artistiche reali, concrete, sicuramente ce ne sono, non lo metto in dubbio,

ma quando si tratta di patriottismo che non gli vengano concessi titoli che non gli appartengono per natura!

Il concetto è semplice, ciò che appartiene alla storia o alle origini di natura geografica deve restare di appartenenza a quel paese.
Altrimenti non dovrebbero esistere più le nazioni stesse, non avrebbe senso, se ci sono c'è una ragione!

14/07/2012   Lettera n. 19

Il business, il mondo del calcio e non solo....

E' si perché lo sport è un lavoro, ma soprattutto un business oserei dire eccessivo, ma come si fa ad attribuire stipendi di quella portata a degli sportivi?

Ma la parola limite non la si conosce? Non ci si ricorda più del significato?

Ma un biglietto per una partita può avere quei costi?

Qui si parla di milioni di euro!

Per non parlare del mondo dello spettacolo, è tutto forse stabilito per delineare delle classi sociali?

Ma un livello equilibrato no?

Ma come si fa dico io!

Qui torniamo alla classificazione ricchi, nobili, popolo povero.

Mà!!!

Cambiamo metodo, modifichiamo le nostre leggi, stiamo andando allo sbaraglio! Ma possibile?

104

Stella, era sempre più pervasa dalle sue paure sul futuro e quando la sua depressione riaffiorava cadeva nello sconforto più totale, cominciava ad essere difficile anche continuare a scrivere le sue lettere, perché quando la fiducia comincia a scemare, finisce nel non credere più in quello che si vuole tentare di fare, sia per se stessi che per gli altri.

Ogni tanto riusciva a tornare su con l'umore e a volte invece tornava inesorabilmente giù, era un saliscendi continuo, troppi sbalzi a cui far fronte e le forze la stavano abbandonando.

C'era sempre quel filo sottile di speranza ancora che la teneva attaccata al suo progetto, ma era veramente sottile.

Forse è vero che a volte per uscire da un baratro non si può contare solo sulle nostre forze, si ha bisogno di un aiuto esterno, uno stimolo che ci riporti a galla, qualcuno che in maniera disinteressata ci porga una mano.

In fondo qualsiasi problema è nella nostra testa, bisognerebbe forse adottare una filosofia giusta per vivere?

Molti dicono che se lo spirito viene mantenuto sano , la nostra vita sarà sana, perché è una questione di testa.

Ma non è facile metterlo in pratica, tutti abbiamo bisogno di qualcuno che ci voglia bene davvero,

che ci aiuti a sostenerci.

Stella prova molta difficoltà ad ammettere questo concetto ma man mano che scrive se ne sta

rendendo conto, perché il doversi veramente concentrare sui suoi problemi mettendoli nero su bianco e non continuare a far finta di non pensarci la sta portando a capirlo.
Anche se la sua, è anche una questione di carattere, non è abituata a chiedere aiuto, anzi non ne è capace, è stata abituata troppo presto a capire cosa fossero le responsabilità e a doversele prendere tutte, già in un'età dove invece bisognerebbe fare la bambina in maniera spensierata.

Perdere il treno!

Quanti ne ho persi di treni, ma in realtà non me ne sono mai pentita fino in fondo, forse perché restando comunque una fatalista ritengo che forse qualsiasi cosa fin'ora doveva andare così.

Chi se ne importa, tanto sono convinta che se le cose devono succedere succedono comunque anche senza il nostro intervento.

Se ci fate caso i problemi nella maggior parte dei casi non siamo noi a crearceli, ma ce li creano dei fattori esterni o delle altre persone, perché allora anche le cose belle non ci devono capitare o irrompere nella nostra vita nello stesso modo?

Anche questa è una mia sordida speranza? Oppure è un ragionamento corretto?

O mi fa piacere pensarlo a volte, così mi creo la scusa per restare ad aspettare ferma?

14/07/2012 Lettera n. 21

Genitori si nasce

Mio padre non è nato genitore, sta ancora continuando a provarci, che è già qualcosa, ma a volte mi delude così tanto, oggi a settantadue anni ancora è capace di ferirmi anche con una sola parola.

Quanto ne soffro, è una ferita non rimarginabile, neanche una cicatrice, è proprio una ferita che resta prepotentemente aperta.

Questo è un altro dei miei tristi sfoghi, è come se cercasse sempre di ricostruirsi ogni volta una nuova vita dove guarda caso non sono mai contemplata, sembra quasi che la mia esistenza gli dia fastidio, che gli sia da ostacolo ai suoi infiniti progetti, non ne vuole sapere di darsi una calmata, neanche alla sua età, sapesse quanto affetto sarei capace di dargli se me lo consentisse ma il suo atteggiamento mi pone un freno indistruttibile.

Oggi alla sua età sta insieme ad una donna di 43 anni, di un anno soltanto più grande di me, sono rimasta scioccata e per lo più di un altro paese dove si è quasi trasferito permanentemente,

quello che mi fa più male è averlo perso troppe volte, e ogni volta fa sempre più male, almeno lo avessi perso una sola volta forse nel tempo me ne sarei fatta una ragione anche se conoscendomi ne dubito, sono troppo attaccata al senso della famiglia anche se una unita non ce l'ho mai avuta. Invece lui entra ed esce dalla mia vita come fossi una stazione dove lui scende e sale dai treni provenienti dai suoi innumerevoli viaggi e io lì sempre ad aspettarlo speranzosa che forse, sia la volta buona che si fermi, ma non è mai così.

Che angoscia non riuscire a rassegnarsi ma anche questa capacità evidentemente non fa parte del mio carattere.

Oramai Stella aveva descritto su quei fogli le sue ansie più grandi e ricevuta anche la sua ultima lettera forse la più dolorosa, dedicata al padre, concretizzò il suo desiderio più grande, raggruppandole tutte, si rivolse a tante case editrici ma sembrava che tutti la snobbassero, forse perché alle spalle era priva di ogni traccia come scrittrice e quindi non veniva considerata, così scelse per una volta di dare un senso al progresso, quel progresso che non condivideva in pieno, ma visto che c'era, ha pensato di dargli un'utilità e si auto pubblicò on line, trasformò le sue lettere in e book.

Dopo averlo fatto il suo "spirito" venne invaso da una emozione indescrivibile, aveva realizzato qualcosa di importante per lei e per gli altri e completamente da sola, che soddisfazione, era la cura di cui aveva bisogno, sentirsi forte da un'azione concreta compiuta da lei.

Qualcosa che gli aveva consentito di credere di nuovo in sé stessa, in qualcosa, una reale speranza.

Dopo soli alcuni giorni dalla pubblicazione on line Stella ricevette una telefonata, era lo psicologo che voleva complimentarsi con lei e informarla di essere uno dei suoi fans visto che aveva comprato il suo libro e lei lo ringraziò a sua volta!

Stella era felice, e stupita allo stesso tempo,

attraverso il sito del suo libro scopriva che addirittura già migliaia e migliaia di persone avevano comprato il suo libro!

Era incredibile!

Le recensioni che gli stavano dedicando erano tantissime, non poteva veramente crederci, molte dei suoi lettori cominciavano a reclamarle un contatto e tutti erano intenzionati a concretizzare ciò che lei aveva suggerito nel libro, avevano sposato le sue idee, perché le capivano, erano semplici ma d'effetto, le condividevano perché i suoi problemi erano anche i loro.

Stella creò il suo blog e cominciò a mettersi in contatto con tutti quei lettori, riuscirono a mettere in pratica tutto quanto e molto di più, tutte le istituzioni di fronte a quei milioni di persone determinate si erano benevolmente poste in ginocchio e le cose cambiarono, la vita di ognuno cambiò, l'Italia cambiò, la vita di Stella cambiò!

111

Dedico questo mio libro a tutte quelle persone che soffrono e nessuno le ascolta, a tutti coloro che non hanno ancora visto realizzare le loro speranze, i loro sogni, a chi non ha una famiglia alle spalle, una casa, un lavoro, a chi è depresso, a chi non crede più nella nostra Italia, e dirgli che tutto ciò che è più bello può ancora accadere e ricordargli che non sono soli e che per ognuno di loro una buona **STELLA** c'è sempre.

Lavorare non è un reato ma un diritto, e quindi non dovrebbe essere impedito a nessuno di poter lavorare onestamente e serenamente, un pensiero importante lo dedico anche a tutte le vittime del lavoro che per colpa di quei datori irresponsabili e che non rispettano le norme di sicurezza hanno perso la loro vita.

Una dedica speciale è per l'**AMORE DELLA MIA VITA, mia Madre.**